종교 간의 대화와 영성

# 종교 간의 대화와 영성

도시 아라이, 웨슬리 아리아라자 편저
이명권 옮김

열린서원

## 종교 간의 대화와 영성

지은이   도시 아라이, 웨슬리 아리아라자 편저
옮긴이   이명권
발행인   이명권
펴낸곳   열린서원

초판발행일   2003년 6월 30일 2판 인쇄
재판 발행일 2022년 6월 30일 2판 인쇄

주      소   서울특별시 종로구 창덕궁길 117, 102호
전      화   010-2128-1215
팩      스   02) 2268-1058
전자우편   imkkorea@hanmail.net
등록번호   제300-2015-130호(1999년)

값 13,000원
ISBN 978-89-951625-1-4 03200

# ■차 례

# 역자서문

　종교 간의 대화는 보다 높은 영적 생활을 위한 하나의 시작이다. 하나의 동산에 갖가지 아름다운 나무와 꽃들이 공존하듯이, 서로 다른 진리체계를 갖고 있는 종교들이 하나의 지구촌에 공존하고 있다. 인종이 다르고 나라가 다르듯이 종교와 문화는 서로 다르다. 오히려 그 다른 것이 당연한 귀결인지도 모른다. 이같이 다른 정신세계를 하나의 아름다운 동산으로 초대하는 축제가 곧 대화다. 열린 대화는 깊은 영적인 세계의 바다로 이끈다. 타자他者와의 만남과 대화를 통해 진정한 자기自己를 더욱 깊이 있게 발견할 것이다. 이것이 '대화의 영성靈性'이 가져다 줄 최고의 선물이다.

　더 나아가 타자를 통한 진정한 자기의 발견은, 동시에 타자를 포함한 세계의 발견이다. 신神이 없는 불교佛敎, 신이 없는 유교儒敎, 그것이 문제가 아니다. 문자를 떠나서 사람을 만나고 궁극적究極的 실재를 만날 일이다. 문자는 사람을 죽일 수 있어도 영성은 생명을 가져다주기 때문이다. 모쪼록 본서가 21세기의 지구촌 시대에 걸맞은 종교 간의 대화에 깊이와 넓이를 더해 가는 하나의 좋은 모델이 되기를 염원해 본다.

# 추천의 글

레이문도 파니카Raimundo Panikar(캘리포니아대 교수)

만약에 우리의 종교신학이 이 책에 기록된 것과 같은 적극적인 종교체험들을 중심으로 구성되었더라면, 지금까지 이 분야에서 제기된 수많은 문제들이 훨씬 더 쉽게 해결의 실마리를 찾을 수 있었을 것이다. 나름대로의 독특한 향취를 풍기면서 신학적으로도 매우 중요한 내용을 다루고 있는 본서는 세계 여러 곳의 종교들이 지닌 심오한 영성세계와 수행방법을 진지한 자세로 깊이 있게 체험한 신실한 그리스도인의 영적인 대화를 매우 감동적으로 기록 하고 있다. 종교 간의 대화라는 주제에 관한 이 책은 실로 무한한 가치를 지니고 있다고 말할 수 있다. 우리는 대화가 어디에서 시작되어야 할 것인지의 문제와 관련하여 그것이 바로 우리의 영혼 깊숙한 곳에서 시작되어야 한다는 사실을 매우 날카롭고 설득력 있게 지적하고 있기 때문이다.

# 펼치는 글

"종교 간의 대화와 영성"<sup>Spirituality in Interfaith Dialogue</sup>은 1987년 12월 1일부터 5일까지 일본 교토 칸사이 세미나 하우스에서 열린 종교 모임의 주제였다. 이 모임은 '교회 갱신과 회중생활'<sup>RCL; Renewal and Congregational Life</sup> 및 '생명력 있는 신앙인들과의 대화'<sup>Dialogue with People of Living Faiths</sup>라는 「세계교회협의회」<sup>WCC; World Conucil of Churches</sup> 산하 기관들의 공동 지원으로 개최되었다.

1983년 「세계교회협의회」 총회 이후, '교회 갱신과 회중생활'이라는 산하 기관은 "우리 시대의 영성"<sup>a spirituality for our times</sup>이라는 문제를 주요 과제들 가운데 하나로 다루어 왔다. 물론 '생명력 있는 신앙인들과의 대화'라는 산하 기관 역시 오래 전부터 영성에 관한 대화에 깊은 관심을 기울여 왔다. 그러므로 이 종교 모임의 주제는 두 산하 기관

공통의 진정한 관심사를 단적으로 표현한 것이었다. 이 모임에는 로마 가톨릭과 그리스 정교회, 그리고 여러 개신교 종파들로부터 이웃종교에 속한 사람들과 영성에 관하여 깊이 있는 대화를 꾸준히 계속해 온 사람들이 참석했다. 그리고 이 모임의 목적은 제각기 다른 전통에 속한 영성들에 관한 대화가 그들 각자에게 어떠한 의미를 지니는지, 그리고 그들이 지금까지 공부하고 깨달은 것들이 개인이건 회중이건 평범한 그리스도인의 삶에 어떠한 도움을 줄 수 있을지를 탐색해 보기 위함이었다.

이 모임에서는 구체적으로 다음과 같은 문제들이 제기되었다. 그리스도인은 어떠한 영적 순례 과정을 거쳐 이웃종교 전통의 영성생활에 관심을 갖게 되었는가? 그 과정에서 그들은 어떠한 문제들에 부딪쳤으며, 어떠한 통찰력과 깨달음을 얻게 되었는가? 그들은 이웃종교에 속한 사람들과의 영적인 대화가 어떠한 점에서 서로에게 유익하다고 믿게 되었는가? 그들은 이웃종교 전통에서 무엇을 발견하였으며, 자신들의 종교 전통에서 무엇을 새롭게 발견했는가? 그리고 그러한 발견과 깨달음이 어떻게 우리의 회중들과 일반 그리스도인의 삶을 더욱 새롭고 풍요롭게 해 줄 것인가? 오늘날 어째서 많은 교회들이 이웃종교의 영성을 함께 나누기를 주저하거나 꺼려하고 있는가? 그리고 그러한 현상에 관련된 신학적·목회의 문제점들은 무엇이며, 그것을 극복할 방법은 없겠는가?

모임이 시작되고 나서 처음 이틀은 참석자들이 서로의 체험을 나누는 일에 할애되었다. 그들 가운데에는 자신들이 오랫동안 지켜 온 힌두교나 불교의 수행방법을 계속해 나가는 사람들도 있었고, 불교 사원이나 힌두교 아쉬람에서 상당 기간 동안의 수행 경험을 지닌 사람들도 있었다. 또한 그 모임에 참석한 어느 여인은 언제나 그녀 자신을 힌두 - 가톨릭 신자로 소개하곤 했으며, 더러는 가난한 사람들을 위해 투쟁하면서 해방과 발전을 위한 각종 운동에 참여하고 있는 사람들도 있었다.

그들이 함께 나눈 각자의 영적인 순례에 관한 이야기들은 그 자체로서 풍성한 대화이자 이 모임의 최대 수확이라고 할 수 있었다. 하지만 대부분이 극히 개인적인 영적 순례에서 비롯되었을 뿐만 아니라 내적 수련의 실험으로 구성된 그와 같은 체험들을 다른 사람들에게 전달한다는 것이 과연 가능한 일이었겠는가? 그리고 그와 같은 체험들이 과연 회중들의 영성 형성에 기여하는 바가 있었겠는가? 이 모임에 참석한 사람들은 영성의 다원성을 인정했다. 그들은 또한 회중들을 위한 성경적·신학적 프로그램을 개발하여 시행할 필요성을 강조했다. 영적 갱신이란 오로지 사람들을 통해서만 가능한 일이기 때문이었다. 나아가 그들은 이웃종교의 영성과 의미 있는 접촉을 시도할 필요성을 강조했다.

이 모임에서는 그룹 토의에 많은 시간이 할애되었다. 참석자들은 세 그룹으로 나뉘어, 제각기 한 가지 문제를 중심으로 토의를 진행하였다. 첫 번째 그룹은 그리스도인이나 회중들로 하여금 이웃종교의 영성을 체험함으로써 좀 더 깊이 있는 신앙생활을 할 수 있도록 하는 방법을 모색하였다. 이 그룹에 속한 참석자들은, 자신들의 교우들에게는 이 문제가 거의 논외論外라고 생각했다. 그들의 교우들로서는 자신들의 신앙으로 족했으므로 이웃종교의 영성을 탐구할 필요를 전혀 느끼지 못하고 있었기 때문이었다. 하지만 이 그룹에 속한 사람들은 이웃종교의 영적 수련방법을 통해 그들 자신의 신앙을 더욱 깊이 있게 이해할 수 있게 되었다고 증언했다. 그러한 체험은 그들로 하여금, 하나님께서는 오로지 그리스도인뿐만이 아니라 온 세상 사람들을 위하여 역사하고 계시며, 자신들이 속한 세계가 훨씬 더 넓은 세계라는 사실을 확신케 해 주었다. 어떤 이들은 이 기회를 통해 성경을 완전히 새로운 관점에서 이해하게 되었다. 인도에서 온 어느 참석자는 힌두교에 대한 공부가 자기에게 전혀 새로운 소속감을 느끼게 해 주었다고 하면서, 자신의 조국이 당면하고 있는 엄청난 문제들이 이웃종교 집단들로부터 고립된 채로는 결코 해결될 수 없다는 사실을 분명히 깨닫게 되었다고 피력했다.

이 그룹에 속한 참석자들은 사람들에게 이웃종교의 영성을 올바르게 이해시키기 위해서는 이웃종교에 대한 가르침과 직접적인 체험이 아울러 필요하다는 결론에 도달했다. 따라서 영성의 다원성이라는 문제를 좀 더 깊이 있게 다룰 수 있는 새로운 형태의 해석학과 주석적 전통을 계발해 나가야 할 필요성이 대두되었다. 그들은 성경의 배타적인 성격을 띤 본문들이 이웃종교에 대한 비난과 대립을 조장할 목적으로 사용되는 경우가 너무나 많다는 사실을 지적하면서, 그와 같은 본문들에 대한 특별한 주의를 요망했다. 나아가 그들은 인간 중심으로 성경을 새롭게 읽음과 아울러, 우주적인 그리스도의 가르침을 좀 더 깊이 있게 탐구해야 할 필요성을 강조했다. 이 그룹은 사람들 사이의 우정을 돈독케 하고 서로의 생각을 기탄없이 나눌 수 있게 하는 모임을 계획성 있게 지속시켜 나가는 방안을 제시했다. 영성의 다양성을 인정하는 사람들은 자신들이 속한 공동체가 당면한 신앙과 삶의 문제들을 이웃종교인들과 협력하여 해결해 나갈 수 있기 때문이다. 한 사회의 갈등과 긴장이 고조된 상황에서는 그와 같은 협력이 매우 강력한 호소력을 지닐 수 있으며, 그러기 위해서는 이웃종교의 축제의식에 참석하거나 거기서 발견되는 상징이나 종교적 관행의 의미를 연구해 보는 일이 필요하다.

그리스도인이나 회중들이 이미 이웃종교의 영성수련에 대하여 개방적인 입장을 취하고 있을 경우, 그것이 그리스도교적인 신앙에 대한 그들의 이해와 깨달음에 어떠한 도움을 줄 수 있겠는가? 이것이 바로 두 번째 그룹의 토의 과제였고, 그들은 다양한 종류의 영적수련 방법을 제안했다. 당시에는 이 문제와 관련하여 다음과 같은 저서들이 거론되었다.

- 파니카[Raymond Panikkar]의 『베다체험』[Vedic Experience]
- 그랜트[Sara Grant]의 『우파니샤드』와 성경 본문에 관한 소책자
- 보이머[Bettina Baumer]의 『인도영성』에 관한 저서들[독어판]
- 카다와키의 『선[禪]과 성경』[Zen and the Bible]
- 캔터베리 대주교의 『평화를 위한 전진』[Progress for Peace]

앞으로 우리는 다양한 영적 전통에 속한 경전과 기도문들을 엄선하여 사람들에게 읽힐 기회를 제공하는 것이 필요할 것 같다. 그리스도인은 이웃종교의 풍성한 영적 전통들을 직접 체험하기에 앞서 스스로의 준비태세를 갖추는 일이 중요하다. 그러기 위해서는 그리스도교 신비가들이나 성자들의 저서를 알아야 함은 물론, 우리 자신의 경건생활을 좀 더 깊이 있게 실천해 나가야 한다. 나아가 우리는 영적인 문제를 비롯하여 그리스도교적인 영성과 예술적 표현의 다양성이라는 주제를 중심으로 동료 그리스도인과 대화를 계속해 나갈 필요가 있다.

이 그룹에 속한 참석자들은 각자의 교구에서 이웃종교의 영성에 대한 그룹 스터디를 시작하고, 몇 주 동안 요가나 선[禪]을 수련하면서 이웃종교 집단의 종교 행사에 참석하여 그들과 우정을 다져 나 갈 것

을 건의하였다. 한편, 그들은 동양의 종교들이 '침투'해 들어오는 현상에 대한 두려움, 특히 서구 사회의 그리스도인에게서 흔히 나타나는 것에 대하여 우려를 나타내기도 했다. 진정한 영성운동과 사이비 영성운동을 구별하기란 그리 쉬운 일이 아니다. 그러므로 에큐메니칼 공동체는 사람들이 영분별을 정확히 할 수 있도록 세심한 배려를 기울일 필요가 있다.

또 다른 토의 그룹은 다음과 같은 문제들을 다루었다. 그리스도인이나 회중들로 하여금 이웃종교인들과 연대하여 사회적 투쟁에 참여케 할 수 있는 길은 무엇이겠는가? 그리고 그러한 사회 참여가 영성의 한 표현 형태라는 사실을 어떻게 이해시킬 수 있겠는가? 이 같은 문제들에 대하여 이 토의 그룹에서 도출해 낸 결론은 다음과 같다.

우리는 우선 수많은 세상 사람들 특히 제3세계에 살고 있는 사람들을 억누르고 있는 가난과 압제 그리고 고난의 현실을 직시하고 있다. 우리에게는 보다 더 인간적인 삶을 위한 그들의 정당한 투쟁에 참여한다는 것이, 곧 그들의 삶의 변화와 개혁을 위해 그들과 더불어, 그리고 그들 가운데서 일하시는 그리스도 편에 서는 것을 뜻한다.

이 토의 그룹에 속한 참석자들은 사회적인 연대 투쟁에 관한 자신들의 체험을 기탄없이 나눌 수 있었다. 대체로 그들의 이야기는 교회 또는 교회 관련 집단들, 또는 이웃종교 집단이나 다른 이데올로그 집단들에 관한 것이었다. 그 자리에서 우리는 뉴질랜드, 남아프리카, 일본, 홍콩, 스리랑카, 인도 등지에서 일어난 일들에 관하여 많은 것들을 알게 되었다. 그리고 그 내용은 주로 소수 민족의 권리, 인권, 토지에 대한 농부들의 권리, 노동자와 도시빈민 그리고 억압당하는 천민계급의 권리, 여성들의 권리를 위한 투쟁 및 핵무기와 군비증강 그리고 다국적기업에 대한 반대 운동에 관한 것이었다. 이와 같은 사회 문제에 대한 그리스도인의 참여에 나타난 주목할 만한 특징들 가운데 하나는, 소위 '급진적'인 그리스도인뿐만 아니라 독실한 복음주의자들까지도 그러한 투쟁에 동참하고 있다는 것이었다. 그 구체적인 예로 미국에서 일어난 부흥 및 개혁 운동, 그리고 한국과 필리핀에서 일어난 민주화 운동 등을 들 수 있다. 이는 어떤 사회의 억압적인 상황이 한계에 이르렀을 때, 그 사회의 대중이 '급진적'이거나 '복음주의적'이거나를 불문하고 봉기하게 마련이라는 사실을 단적으로 말해 준다. 오늘날 세계 곳곳에서 생명력 있는 신앙과 이념을 지닌 사람들이 이미 정의와 해방 그리고 발전을 위해서 각종 운동을 벌이고 있다. 하지만 좀 더 효과적이고 적극적인 참여가 시급하다는 사실을 감안할 때, 어떻게 하면 그와 같은 운동의 깊이와 폭을 더욱 확대시킬 수 있겠는가?

교회의 성직자들이나 평신도 지도자들은 가능한 곳이라면 어디서든, 다른 종교나 이념을 지닌 지도자들과 협력하여 자유와 해방 그리고 발전을 위한 운동을 지지하거나 이끌어 나갈 수 있다. 나아가 그들은 대중들이 사회적인 투쟁에 참여할 수 있는 다양한 방법을 제시하면서 그들의 사회 참여를 위한 각종 프로그램을 계발하여 실시해 나갈 수 있다. 그들은 또한 노동자와 농민들, 억압받는 하급계층의 사람들, 피난민과 소수민족들의 고난의 현장을 방문할 수도 있고, 반대로 그러한 사람들을 자신들의 목회 현장에 초대하여 함께 대화를 나눌 수도 있다. 그리고 종교 간의 대화와 협력을 주제로 한 각종 세미나를 개최하거나 청소년 캠프 및 노동 캠프를 설치하여 운영하는 것도 하나의 좋은 방안이 될 수 있다.

그와 같은 사회 참여가 가난한 사람들에게 도움이 될 뿐만 아니라 좀 더 근원적으로 그들을 뒷받침해 줄 수 있다는 사실을, 이제는 이웃종교인들이나 다른 이데올로그의 신봉자들은 물론이려니와 그리스도인도 점차 깨달아 가고 있다. 바꾸어 말하자면, 단순히 제한된 의미에서의 사회봉사뿐만 아니라 좀 더 적극적인 의미에서의 사회활동이 필요하다는 것이다.

　우리는 정의와 해방 그리고 발전이라는 주제를 행동과 반성을 거듭하면서 좀 더 폭넓게, 그리고 깊이 있게 탐색하여야 한다. 나아가 우리는 가난과 압제의 원인은 무엇이며, 변화와 발전을 위해서 어떠한 자원과 방법을 동원해야 할지를 연구·분석하여야 한다. 이와 같은 일들은 종종 양심회복의 운동과 과정, 혹은 영혼과 정신의 혁명이라고 불린다.

　이와 같은 운동에 참여하는 사람들은 그것이 참된 영성의 한 표현임을 깨닫게 될 것이다. 그리고 이웃종교의 경전들은 물론 성경조차도 전혀 새로운 눈으로 읽어 나가는 과정에서, 거기에 담긴 의미를 훨씬 더 생생하게 이해할 수 있게 될 것이다. 물론, 최근에는 이러한 사회 참여 운동을 좀 더 깊이 있게 탐구하려는 사람들에게 도움이 될 만한 서적이나 논문 그리고 정기간행물들이 속속 출간되고 있다.

# 우리의 선언

가톨릭, 정교회, 개신교 등 여러 그리스도교 종파로부터 이 모임에 참석한 우리는, 이웃종교의 영성을 통해 더욱 풍성하고도 깊이 있는 영적인 순례를 할 수 있었다. 우리가 함께한 한 주일 동안, 우리의 모임에서는 주로 다음과 같은 문제들이 다루어졌다. 우리로 하여금 영적인 순례의 길에 나서게 한 근본 동기는 무엇이었는가? 그 도상에서 우리는 어떠한 문제들에 부딪쳤으며, 그 과정에서 우리는 어떠한 통찰력과 깨달음을 얻게 되었는가? 그러한 대화와 만남의 체험을 통해 우리는 어떻게 우리 자신의 영적인 전통들을 재발견하게 되었는가? 우리의 그리스도교 공동체가 그와 같은 체험을 모두 함께 나눌 수 있는 길은 없겠는가?

우리의 문화적 배경은 매우 다양하다. 우리 가운데 어떤 이들, 특히 아시아에서 온 사람들은 자신들의 문화적 배경 속에서 정당하고도 의미 있다고 인정되는 영성을 추구하는 과정에서, 이 모임에 참가

할 결심을 하게 되었다. 이 같은 사실은 우리에게 이웃종교의 영적인 수행 방법, 기도, 경전, 미술과 음악 전통들을 어떻게 평가할 것인지에 관한 문제를 제기하였다.

우리들 가운데 또 어떤 이들, 특히 서구 세계에서 온 사람들은 자신들의 교회에 무언가가 결여되어 있다는, 혹은 자신들의 영혼을 심화시켜 주는 대신 공허함과 피상성이 지배하고 있다는 생각에서 이 모임에 참석하기도 했다. 우리는 특히 힌두교와 불교의 전통에서 매우 흥미롭고 유익한 수행과 기도의 형태를 발견할 수 있었다. 우리들 중에는 『도덕경道德經』 같은 책을 읽거나 힌두교의 예배 의식을 체험하고 나서, 깊은 감동과 함께 놀라운 통찰력을 갖게 된 사람들이 있다. 특히 수행생활을 하는 사람들의 경우에는, 이웃종교의 명상 관련 전통에 관한 대화에서 많은 도움과 깨달음을 얻을 수 있었다. 한편, 사회 운동에 참여하는 사람들은 새로운 사회를 위한 투쟁에서 이웃종교를 신봉하는 형제자매들과 손을 마주잡을 기회를 가짐으로써 놀라운 영적 갱신을 체험하기도 했다.

우리는 서로의 체험을 함께 나누는 과정에서 다음과 같은 결론에 도달하게 되었다. 첫째, 우리는 이웃종교를 신봉하는 사람들을 이해하기 위해서는 그들과 영적인 차원에서 대화를 계속해 나가는 일이 절대적으로 필요하다는 데 대하여 인식을 같이한다. 그리고 기도와 영적 수행을 꾸준히 실천해 나가면서 우리와 함께 영적인 순례의 길을 가고 있는 그들이 평화와 정의를 위한 투쟁에서도 우리의 동반자임을 확신한다. 둘째, 우리는 이웃종교의 영적인 삶과 수행 방법을 체험하는 과정에서 우리 자신의 그리스도교적인 신앙이 더욱 깊이를 더해 간다는 데 대하여 인식을 같이한다. 우리는 마치 엠마오 도상의 제자들처럼, 낯선 나그네와 함께 길을 가다가 전혀 예기치 못한 그리스도를 만나 커다란 깨달음을 얻게 되었다. 셋째, 우리는 그리스도교라는 제한된 영역을 벗어나 종교 간의 벽을 허무는 가운데, 우리로 하여금 이웃종교를 신봉하는 사람들과 함께 새롭고도 창조적인 세상을 위한 투쟁에 참여케 하는 성령의 역사가 존재한다는데 대하여 인식을 같이한다.

영적인 차원에서의 종교 간의 대화에 대한 이상과 같은 인식이 오늘날의 교회와 회중들에게 의미하는 바는 과연 무엇이겠는가? 우리는 그리스도교적인 전통에 속해 있으면서 우리 자신의 체험에 대하여 솔직하고도 개방적인 자세를 취하고 있다. 아울러 우리가 이 모임에서 나눈 것과 같은 영적인 대화와 탐구에 대하여 오늘날 많은 그리스도인이 지대한 관심을 기울이고 있다.

# 침묵의 소리 : 선禪과 떼제 공동체

마이클 코모<sup>Michael Como</sup>

당초에 우리의 모임이 영성에 관한 회합으로 기획되었던
것이나, 이 모임이 끝나고 나서 참석자들 대부분이 그것을
하나의 영적인 순례 과정으로 인식하게 되었다. 이 모임에
서는 오랫동안 자신들의 영적인 삶의 문제로 고민해 온 사
람들이 흉금을 털어놓고 대화를 나 눌 수 있었다. 이 첫 번
째 이야기는 참석자들 가운데 가장 나이 어린 마이클 코모
가 우리에게 들려 준 이야기이다.

저에게는 "이것이야말로 저 나름대로의 독특한 그리스도교적인 수
행 방법입니다" 하고 내세울 만한 것이 없습니다. 뿐만 아니라, 저는
이웃종교 전통과의 만남이 저에게 어떠한 영향을 미쳤는지 정확하게
표현할 수가 없습니다. 사람들은 어떤 사건이 자신에게 미친 영향이

라든가 그 사건에 대한 자신의 감정을 너무나도 쉽사리 정리해 버리곤 하지만, 적어도 저로서는 그럴 수가 없습니다. 여기서는 저에게 가장 이해하기 쉬웠던 사실들 가운데 몇 가지를 이야기하려고 합니다. 그리고 그러한 씨앗들이 풍성한 열매를 맺어서 훗날 찬란한 빛을 발하게 되기를 기원합니다.

저는 연합감리교회 소속으로, 고등학교를 졸업하기까지 주일 예배에는 물론이려니와 학생 예배에도 착실히 출석하곤 했습니다. 하지만 대학생이 되고 나서부터는 제가 지금까지 교회에서 배웠던 모든 것들, 예컨대 단지 착한 사람이 되어야 하고 선행을 베풀어야 한다는 식의 가르침에 대하여 불만을 품기 시작했습니다. 제가 다니는 교회에는 어떤 목표 의식이나 분발하려는 의지가 결여되어 있었으며, 이같은 현상은 저로 하여금 교회가 어떤 긴박한 문제들과는 거리가 멀다는 느낌을 갖게 했습니다. 더구나 하나님과 예수님에 관하여 제가 교회에서 배운 것들은 전혀 믿음이 가지 않았을 뿐더러 저 자신의 삶과는 아무런 관계가 없는 것처럼 느껴졌습니다. 결국, 저는 아무런 마음의 동요도 없이 그 모든 것들을 떨쳐 버릴 수 있었습니다.

하지만 제가 대학에 입학하고 나서 첫 학기에 노자老子의 『도덕경道德經』을 읽으면서부터 저의 종교관에 커다란 변화가 일어나기 시작했습니다. 저는 이 책의 내용을 대부분 이해할 수 없었음에도 불구하고, 거기서 제가 받은 영향은 가히 충격적이라고 할 만한 것이었습니다. 그래서 아시아의 종교에 관하여 제가 배울 수 있는 것이라면 무엇이든지 배워 보리라고 결심했습니다. 처음에는 인도 불교가, 이어서 중국과 일본의 불교가 저의 관심을 끌었습니다. 지금까지 귀에 못이 박히도록 들어왔던 하나님과 영원과 영혼에 관한 말들 대신, 무아無我와 무상無常과 연기緣起 같은 불교 용어들이 저의 머릿속을 가득 채워 버리게 되었습니다. 그러면서 저는 저 자신의 지적인 체계를 포기하지 않고서도 얼마든지 인간의 영혼이라든지 하나님을 믿는 방법에 관한 철학적 기초를 발견할 수 있었습니다.

그 때부터 저의 명상 생활이 새롭게 시작되었습니다. 당시에는 명상에 대한 저의 이해가 그다지 깊지 못했기 때문에, 저는 그것을 단지 몸의 긴장을 풀거나 마음을 훈련하는 방법들 가운데 하나로 생각하고 있었을 뿐입니다. 하지만 명상이 결코 거기서 그치지 않는다는 사실을 점차로 깨달아가기 시작했습니다. 저는 그때까지만 해도 오로지 책을 통해서만 알게 되었던 영적인 삶을, 이제는 직접 체험해 보리라는 결심을 하게 되었습니다.

제가 대학교 3학년 과정을 마친 어느 여름, 드디어 기회가 왔습니다. 졸업 논문을 쓰기 위해 일본 오바마에 있는 호스신지 선불교 사원에 3개월 동안 머문 것이 바로 그것이었습니다. 저는 그 당시의 체험을 단 한 번도 만족스럽게 표현해 본 적이 없습니다. 그때로부터 3년이라는 세월이 흘렀음에도 불구하고, 저는 여전히 그 체험이 저에게 어떤 의미를 지닌 것인지를 명확하게 전달할 자신이 없습니다.

그 사원에서 제가 발견한 것은, 생각과 삶 사이의 괴리가 거의 없어 보이는 사람들의 공동체였습니다. 어느 수도승은 "보여 달라!"는 말로, 선禪이 추구하는 삶의 방식을 극적으로 묘사했습니다. 이 말을 다르게 표현하자면, "너의 수행의 핵심이 무엇이고 지금까지 무엇을 공부했으며 붓다의 깨달음이 무엇인지를 보여 달라!"는 것입니다. 그 수도승은, 만약에 지금까지 우리가 공부해 온 것들과 받은 축복들이 일상적인 삶의 구체적인 활동과 일치하지 않을 경우, 그 모든 것들이 전혀 무의미한 것이 되고 만다는 말을 했습니다. 어느 선사禪師의 말대로, "이 몸이 바로 부처로다!"라는 것입니다.

저는 이러한 삶의 방식의 중심으로 급속히 빨려 들어갔습니다. 제가 그 사원에 도착하고 나서 사흘이 지나자 1주일간의 참선, 곧 집중적인 명상과 완전한 침묵이 시작되었습니다. 처음 며칠 간 저에게 덮쳐 왔던 두려움과 다리의 통증을 저는 아직도 생생하게 기억하고 있습니다. 하지만 저는 곧 참선이 얼마나 좋은 것인지를 깨닫게 되었습니다. 물론, 쉽지는 않았습니다. 하지만 저는 바로 그것이야말로 제가 그토록 오랫동안 동경해 왔던 수행의 길임을 분명히 깨닫게 되었습니다. 그 한 주간은 초조와 불안이 아니라 성취감과 깨달음 속에 지나갔습니다.

그 때 저는 날마다 수도승들과 선방(禪房)에 앉아, 벽면에 그려진 한 점을 응시하며 명상에 잠기곤 했습니다. 그럴 때마다 아름답고 놀랍도록 청정(淸淨)한 기운이 저를 감싸곤 했습니다. 저는 움직일 필요나, 심지어 생각할 필요조차 없었고, 단지 저의 호흡에 마음을 집중하고 있었습니다. 아마도 저의 생애 처음으로, 저의 존재 전부를 던져 가장 근원적인 삶의 중심에 접근했던 것 같습니다. 날마다 그렇게 열세 시간씩 앉아서 명상에 잠겨 있는 동안, 이미 오래 전에 망각되었던 기억과 생각과 감정들이 저의 내부에서 되살아나는 것을 느낄 수 있었습니다. 그 때 저는 마치 정신분열증 환자가 된 것 같은 느낌이었습니다. 저의 마음속에서 분노와 향수, 그리고 불안감이 들끓어 오를 때마다, 수도승들은 저의 마음속에 일어나는 모든 것들을 그냥 그대로 받아들이라고 충고해 주었습니다. 그 한 주일 동안 저는 차라리 겪지 않았으면 좋았음직한 정신적인 체험을 할 수밖에 없었습니다. 하지만 결국에는 제가 도망갈 곳이 전혀 없다는 사실을 깨닫게 되었고, 그 모든 것들을 받아들이기에 이르렀습니다.

저는 이와 같은 체험을 통해, 전에는 단지 상상만 할 수 있었을 뿐인 많은 것들, 특히 완전한 자유를 피부로 느낄 수 있었습니다. 명상 시간이 끝날 때마다 저의 마음은 항상 텅 빈 상태가 되어, 무엇이든 받아들일 준비가 되어 있었습니다. 저는 오직 저의 주변에 있는 모든 것들에 귀를 기울이며, 그것들을 기쁜 마음으로 받아들이려고 했습니다. 그러자 마치 제 안에 있었던 수많은 장애물들이 일시에 제거되고, 처음으로 모든 사물들과 직접적인 관계를 맺을 수 있게 된 것 같은 느낌이 들었습니다.

그 사원에서 보낸 나머지 시간 동안, 저는 참선 기간 중에 깨닫고 느낀 것들에 폭과 깊이를 더할 수 있었습니다. 수도승들은 선 수행이 결코 선방에서만 이루어지는 일이 아니라는 것을 강조했습니다. 그것은 매일 매일의 새로운 순간들과 모든 활동에 초점이 맞추어져야 하며, 그것들을 통해서 표현되어야 한다는 것이었습니다. 아마도 저의 생애 처음으로, 저는 제가 하는 모든 일들에 대하여 진정으로 마음을 쏟으려고 노력했던 것 같습니다. 저에게는 매 순간이 중요하게 느껴졌고, 매 순간마다 새로운 출발을 하는 것 같았습니다. 마당을 쓸고, 목욕을 하고, 서로 인사를 나누는 등의 단순한 행위들이 그처럼 아름답게 느껴진 적이 없었습니다. 그 사원에서 보낸 시간 가운데 무의미하게 보낸 시간은 거의 없었고, 모든 것들이 충만하게 보였으며, 심지어 평범하기 이를 데 없는 일들조차도 매우 특별하게 보였습니다.

그 사원에서의 생활은 저에게 또 다른, 제가 전혀 기대하지도 않았던 영향을 미쳤습니다. 제가 갖고 있던 그리스도교의 유산에 대한 관심이 고조되기 시작한 것입니다. 어느 수도승에게서 토마스 머튼 (Thomas Merton)의 『행동하는 세계 속에서의 명상』 (Contemplation in a World of Action) 이라는 책 한 권을 빌려 본 것이 그 계기가 되었습니다. 그 책은 저에게 깊은 감명을 주었을 뿐 아니라, 호스신지에서 제가 보고 느낀 것들이 그리스도교 수도원 전통과 과연 어떻게 관련되는지 생각해 보게 만들었습니다. 마침내 저는 호스신지 수도승들의 명상과 노동이 매우 그리스도교적 이라는 결론에 도달했습니다. 그들의 삶은 우리가 그리스도교인의 명상생활이 어떠하여야 하는지를 좀 더 깊이 있게 탐구하는 데 많은 도움이 되리라고 믿습니다.

그리스도교적인 삶에 대한 저의 관심은 제가 미국으로 돌아 온 뒤에 더욱 깊어졌습니다. 하지만 그 사원에서의 삶을 염두에 둔 채 미국 사회에 재적응하는 과정이 그리 쉽지만은 않았습니다. 저는 마치 갈등과 폭력이 들끓는 아수라장에 떨어진 것 같은 느낌이었습니다. 호스신지에서 제가 배우고 느낀 것들은, 미국 사회에 제가 적응해 온 방식과는 너무나도 딴판이었기 때문입니다. 저는 그와 같은 내부의 갈등이, 오로지 저 자신이 그리스도교적인 뿌리에 접목되어야만 해소될 수 있으리라는 생각이 들었습니다. 그래서 저는 하버드 대학교를 졸업하자마자, 프랑스에 있는 개신교 계통의 수도원인 떼제 공동체를 찾아가 3개월 동안 그들과 함께 생활하기로 작정했습니다.

떼제 공동체는 한 마디로 기도하는 공동체였습니다. 그 때까지 저는 진정으로 기도해 본 적이 별로 없었습니다. 저 자신으로부터 존재론적으로 분리된 하나님과, 제가 살고 있는 이 세상을 받아들이기 어려웠기 때문입니다. 하지만 호스신지에서의 체험 이후, 그와 같은 분열 상태를 저로서는 도저히 참을 수 없었습니다. 그러면서도, 저 자신으로부터 너무나 멀리 떨어져 계신 것처럼 느껴지는 하나님께 마음 문을 열 수 없었습니다. 하지만 떼제 공동체에서는 이해보다는 기도가 우선이었습니다. 단지 그들과 함께 하나님을 찬양하면서 생활한다는 것만으로도, 제가 하나님과 분명한 관계를 맺고 있다는 확신을 갖기에 충분했습니다.

　그러한 확신은 제가 어느 형제의 인도로 1주일 동안 침묵의 시간을 가지면서 더욱 깊어졌습니다. 하루하루 기도와 명상의 시간을 보내며, 저는 저에게 할당된 성경 말씀들을 실천에 옮기고자 노력했습니다. 저는 그 말씀들의 참된 의미에 일치하는 삶을 살아가면서, "보여 달라!"고 하는 사람들에게 자신 있게 답변할 수 있게 되기를 원했습니다. 때로는 축복의 말씀으로 가득 찬 『시편』 구절을 읽으며, 하나님을 찬양한다는 것이 과연 무엇을 뜻하는지 숙고해 보았습니다. 그리고 마리아의 찬가를 읽을 때에는, 제가 그녀와 어떠한 관계를 맺고 있는지 실감하게 되기를 원했습니다. 바로 이 문제에 대한 해답을 찾고 있을 때, 저의 떼제 공동체 체류 중 가장 중요한 사건이 일어났습니다. 제가 그곳에 있는 중세풍의 어느 고색 찬연한 교회에서 기도하고 있을 때, 그 공동체의 구성원인 어느 자매가 들어와 함께 기도하기 시작했습니다. 바로 그 순간이었습니다. 갑자기 저는, 마치 호스신지의 수도사들이 우리 모두의 내부에 붓다가 있다고 주장했듯이, 제 곁에 앉은 그 자매의 내부에 마리아가 있음을 깨닫게 되었습니다.

　이 세상 안에서, 그리고 저 자신의 삶 가운데에서 하나님과 참된 그리스도인의 삶을 발견할 수 있다는 사실을 깨닫고 나서부터 떼제 공동체에서의 저의 삶은 완전히 변화되었습니다. 갑자기 주위 사람들에게서 그리스도의 상처가 보이기 시작하고, 성경에 기록된 사건들이 단순한 윤리적 가르침이나 신학적 진술이 아니라 제가 일상생활을 통해 참여할 수 있는 현실로 느껴지기 시작했습니다.

　지금 저는 일본 북부 히라이 주미라는 한 작은 마을의 중학교 선생으로 조용하게 살고 있습니다. 이곳에서의 생활은 평온하기 그지없습니다. 저에게는 지난 몇 년 동안 제가 체험했던 영적인 사건들을 소화하면서, 그것들을 세속적인 사회에서의 체험들과 융합 시킬 수 있는 기회가 필요했습니다. 바로 히라이 주미에서 이와 같은 기회가 저에게 주어졌습니다. 그 마을에 도착한 저는, 우선 어느 스님의 가족과 함께 6개월 동안 생활했습니다. 그 기간 동안 저는 아침마다 염불을 했고, 저녁에는 십자가와 마리아 상(像)앞에서 기도를 했습니다.

비록 지금은 저의 집에서 살고 있지만, 여전히 일본식 제단 앞에서 날마다 기도하고 있습니다. 그 위에는 예수님과 마리아의 상(像)과 함께 불상 하나가 놓여 있습니다. 때때로 저는 전혀 새로운 예배 방식을 시도해 보곤 합니다. 지난 봄 저 유명한 시코쿠 순례에 참여했고, 지난 가을에는 나라와 이세에 있는 사원들과 신당들을 찾아 가기도 했습니다. 이러한 체험들은 저의 영적인 삶을 더욱 풍요롭게 해 주었습니다. 수많은 순례자들이 걸었던 길을 걸으며, 그리고 수백 년의 전통을 지닌 여러 사원에서 참배하면서, 저는 전혀 새로운 느낌을 느낄 수 있었습니다. 그럼에도 불구하고 9천 명의 농부들이 살고 있는 작은 마을 히라이 주미에서의 조촐한 일상생활이 저의 삶의 중심부를 차지하고 있습니다. 그 마을에는 아직도 교회가 없습니다. 하지만 저는 마을 사람들에게서 인간 공동체와 사랑에 관하여 많은 것들을 배우고 있습니다. 제가 지금까지 말씀드린 것들이 여러분의 흥미를 끌지 못했을지도 모릅니다. 하지만 저에게는 대단히 중요한 의미를 지닌 체험들이었습니다. 저는 이 순간 제가 있어야 할 곳에 있다는 사실을 알고 있으며, 때가 오면 제가 가야 할 곳에 가게 되리라고 믿고 있습니다. 저에게는 단지 그것으로 족합니다. 지금으로서는 호스신지 수도승들의 공동체 생활과 떼제 공동체의 기도 생활에 참여한 이후로 제가 깨닫게 되었던 삶의 진실에 감사할 뿐입니다.

# 성육신에 대한 새로운 이해

다이애너 에크[Diana Eck]

우리의 영성 생활을 더욱 심화시키고 새롭게 하는 일과, 이웃종교를 신봉하는 사람들과 대화를 지속해 나가는 일은 오늘날 전 세계 그리스도인의 지대한 관심을 끌고 있는 문제들이다. 이 두 가지 문제는 서로 어떠한 상관관계에 있는가? 종교 간의 대화를 영적인 갱신의 원동력으로 삼을 수 있는 길은 없겠는가? 종교 간의 대화는 그리스도인의 자기 이해에 대하여 어떠한 의미를 지니며, 그러한 대화를 촉진시키는 동기에는 어떠한 것들이 있겠는가? 이와 같은 체험들이 우리 그리스도인의 공동체적인 삶에 어떠한 도움을 줄 수 있겠는가? 지금은 바로 이러한 문제들에 관하여 좀 더 깊이 있게 탐구해 보아야 할 때이다. 그러나 이웃종교의 영적인 전통에 접하는 체험을 누구나 똑같이 하는 것은 아니다. 자신들의 종교 전통에 불만을 품은 사람들일수록 좀 더 심오한 영적인 세계를 찾아 이웃종교의 전통 쪽으로 눈을 돌리기 쉬울 것이다. 한편, 우연한 기회에 이웃종교의 영성을 발견하게 되는 사람들도 있을 것이다. 다시 한 번 강조컨대, 그리스도인을 매료시키는 이웃종교의 영성적인 측면이 모두 같은 것만은 결코 아니다. 예를 들어, 마이클 코모<sup>Michael Como</sup>에게는 명상 수련이 불교의 영성적인 전통 속으로 들어가는 관문 역할을 했으며, 지금부터 우리에게 이야기를 들려 줄 다이애너 에크<sup>Diana Eck</sup>의 경우에는 힌두교의 '다르산'<sup>신의 모습을 보는 체험</sup>이 그녀의 마음을 온통 사로잡았다고 한다.

저는 그리스도교 이외의 종교 전통에 속한 영성 생활 체험을, 1965년 대학생 자격으로 인도에 첫발을 내디뎠을 때 하게 되었습니다. 미국 서부 지역의 몬타나 산맥에서 자라난 저는, 사회적인 복음을 주창하는 감리교파 소속의 어느 교회에서 신앙생활을 시작했습니다. 제가 인도에 간 것은 어떤 영적인 세계를 추구하기 위함이 아니라, 미국이 월남에서 지루한 소모전을 치르고 있었기에 아시아에 관하여 좀 더 깊이 있게 이해할 필요를 느꼈기 때문이었습니다.

그 해에 저는 바라나시에 머물던 중, 적어도 제가 물려받은 종교 전통에서는 전혀 생소한 관념과 예배의 세계를 발견하게 되었습니다. 그 이후로 저는 힌두교와 그리스도교 사이의 대화에 관하여 많은 것들을 배웠습니다.

그 곳에서 제가 부딪힌 종교적인 문제들은 제가 그때까지 가지고 있던 모든 선입견, 심지어 그리스도교적인 신앙조차도 단숨에 무너뜨려 버렸습니다. 그 문제들은 저로 하여금 힌두교 전통에 관한 연구를 천직으로 삼게 만들었습니다. 저는 이 연구를 계속해 나가는 과정에서 제가 존경하는 힌두 스승들, 언제나 저를 따뜻하게 대해 주었던 힌두 가족들, 그리고 함께 여행하며 예배했던 힌두 순례자들과 긴밀한 관계를 맺을 수 있었습니다. 당시의 체험을 회상할 때마다 저의 마음속에는 두 가지 문제가 떠오르곤 합니다. 그 첫 번째는 완전히 이질적인 종교가 저에게 갖는 영적인 가치에 관한 것입니다. 제가 처음으로 부딪힌 힌두적인 삶은 그리스도교와는 완전히 이질적인 성격을 띠고 있었을 뿐 아니라, 결코 서로 동화될 수 없을 것처럼 보였습니다. 하지만 그 '이질성'을 탐구해 나가는 과정에서, 저는 저 자신과 그리스도교를 새롭게 발견하고 이해할 수 있는 통찰력을 얻게 되었습니다. 그 두 번째 문제는, 어떻게 여러 종류의 신상神像들이 그토록 생생한 이미지로 저에게 다가 올 수 있었겠는가 하는 것입니다. 아마도『우파니샤드』의 마하마티야도 힌두 신들의 상像과 신당神堂들만큼 저를 사로잡지는 못했을 것입니다. 결국, 저는 여러 길이 결국에는 한 곳에서 만나게 된다는 신념을 굳히게 되었고, 그리스도인으로서 제가 가야 할 길도 그 중에 하나임을 깨달았습니다. 신들의 이미지에 대한 그처럼 다양하고도 생생한 접근 방법은 저의 종교적 상상력을 자극시켰을 뿐만 아니라, 영적인 성장에도 많은 도움을 주었습니다. 비록 '그리스도교적' 이라고 말할 수는 없을지라도, 그것들을 통해 제가 성육신의 의미를 재발견하게 된 것 만큼은 사실이었습니다. 저는 하나님이 당신 자신을 우리에게 나타내 보여 주신 성육신 하신 분으로 생각할 때, 그리스도의 형상을 통해 하나님의 모습을 더욱 분명하게 볼 수 있었습니다. 저에게는 이것이 지극히 당 연한 일이었습니다. 소년 시절 이후로 저의 눈과 마음은 그러한 형상을 통해 보고 생각하는 데 익숙해져 있었기 때문입니다. 몇 년 전 바라나시에 계신 저의 스승의 사촌 벌 되는 어느 힌두노인이 저에게 이런 질문을 던진 적이 있습니다.

"그리스도인은 성육신<sup>또는 강림</sup>한 신<sup>또는 아바타라</sup>이 한 분이라고 믿는다는데, 그게 정말이요?"

"예, 많은 사람이 그렇게 믿고 있지요." 제가 대답했습니다.

"하지만 하나님이 수천 년 전에 세상 한 구석에 있는 작은 민족에게 단 한 번 당신의 모습을 드러내셨다는 게 말이나 되오?"

그 노인의 얼굴에는 다음과 같은 의문점들이 역력히 나타나 있었습니다. 그런 신은 도대체 어떤 존재란 말인가? 어쩌면 그렇게 인색할 수가 있단 말인가? 또 그런 신을 믿은 사람들은 어떤 사람들인가? 아마도 그에게는 신의 성육신이 시대와 장소에 관계없이, 단지 우리의 볼 수 있는 능력으로는 볼 수 없는, 무한한 현상으로 굳어져 있었을 것입니다.

성육신을 재발견하는 저의 능력은 힌두적인 신앙을 체득하면서 더욱 확대되어 나갔습니다. 저는 인도인들이 신을 '보러'가는 곳 까지, 수천 마일의 순례 행렬에 참여함으로써 그들이 '보는' 것들을 '보는' 법을 배우기 시작했습니다. 그들은 그것을 '다르산'이라고 불렀는데, 문자적으로는 신의 형상을 '보는'것<sup>또는 바라보는 것</sup>을 의미합니다. 이렇게 사람이 신을 보는 것처럼, 신도 사람을 봅니다. 그리고 사람이 '다르산'의 체험을 하게 되는 것은, 신이 그러한 기회를 사람에게 마련해 주기 때문입니다. 그것은 신의 선물입니다. 이렇게 해서 얻어진 신의 형상은 널리 유포되어 많은 사람에게 알려질 수도 있습니다. 우리는 큰 강의 원류나 산등성이, 또는 길가에서 그러한 형상들을 찾아 볼 수 있습니다. 그 형상은 신의 성육신<sup>또는 강림</sup>을 상징합니다. 그것은 우리의 시야가 멈추는 어떤 대상물이라기보다는, 우리의 시야를 집중시키며 방향을 이끌어 주는 일종의 렌즈로 이해되어야 합니다.

이러한 형상은 우리로 하여금 신의 임재를 실감할 수 있게 해 줍니다.

힌두인들은 그 형상을 섬기면서, 음식과 등불 등으로 신의 임재와 관련된 사랑의 언어들을 일상적인 삶 속에서 구현해 나갑니다.

이번에는 힌두적인 형상에 의해 저와 성육신과의 만남이 더욱 심화될 수 있었던 어느 특별한 계기에 관하여 말씀드리고자 합니다. 2년 전 어느 날 아침 라자스탄 지방의 캉그롤리라는 마을에서 일어난 일입니다. 그때 저는 어린이의 형상을 한 크리슈나를 신봉하는 사람들과 함께 생활하고 있었습니다. 오전 예배를 알리는 종소리가 울리자 크리슈나의 신당 앞에 사람들이 모여 들었습니다. 신당의 문들이 열리고 커튼이 걷히자, 저는 처음으로 접해 보는 어린이 신의 모습을 보고자 목을 길게 빼고 기웃거렸습니다. 크리슈나 상像 앞에 사제 두 사람이 서 있었지만, 보통의 경우처럼 음식과 등불 공양을 하지는 않았습니다. 그들은 크리슈나의 장난감과 팽이, 소 모형 등을 끄집어내더니 그것들을 가지고 크리슈나 앞에서 놀기 시작했습니다. 그 순간 제가 느꼈던 놀라운 감정은 이루 형언할 길이 없는 것이었습니다. 하지만 저는 곧, 놀이를 통해서도 얼마든지 주님을 기쁘게 해 드릴 수 있다는 사실을 깨닫고는 환하게 미소 지을 수 있었습니다.

그 마을에서 제가 부딪힌 문제는 바로 성육신에 관한 문제였습니다. 성육신에 관한 그리스도교적인 언어, "하나님이 우리와 함께 계시다"(마1:23)가 의미하는 바는 과연 무엇인가? 그들처럼 크리슈나 앞에서 놀이판을 벌이는 것과, 보통의 경우처럼 음식과 등불 공양을 하는 것 사이에는 어떠한 차이가 있는가? 그리고 이처럼 친근하고 사랑에 가득 찬 신을 향한 행위가, 모든 사물에 성육신하는 신의 존재를 더욱 생생하게 인식할 수 있게 해 주는 것은 아닐까?

이번에는 이러한 종류의 영적인 체험 중에서도, 성육신의 다소 어두운 측면에 관련된 경우를 말씀드리도록 하겠습니다. 저는 몇 년 동안 바라나시에서 지낸 적이 있습니다. 무려 천여 개의 사원이 있는 그 도시는 거리마다 골목마다 생동감이 넘쳐흐르는 한 편, 죽음과 고통이 시민들의 일상적인 삶 가운데에서 공공연하게 전시되는 화장터이기도 했습니다. 하지만 무엇보다도 바라나시는 시바의 거룩한 도시입니다. 인도인들에게는 그 도시가, 시바가 발하는 빛의 화신, '카시' 또는 '요티르 링가'로 알려져 있습니다. 제가 처음으로 그 도시에 갔을 때, 저의 마음속에는 다음과 같은 질문이 끊임없이 떠올랐습니다. 어떻게 보면 죽음의 화신과도 같은 이 도시가, 인도인들에게는 그토록 거룩하게 보이는 까닭은 무엇일까?

저는 다시 한 번 성육신에 관련된 문제에 부딪히게 되었습니다. 저 '거룩하신 분'은 과연 어떠한 모습을 하고 계실까? 뉴잉글랜드의 하얀 뾰족탑 교회에서 영광 속에 싸여 계신, 순결하고 아름다우며 개신교적인 분위기가 철철 넘쳐흐르시는 분이실까? 물론, 아닐 것입니다. 저는 인도인들이 시바의 완전하고도 영원한 임재와 생사의 고통이 있는 이 세상 곧, 차안此岸으로의 안전한 여행을 확인하는 곳이 바로 이 시바의 도시임을 알게 되었습니다. 그리고 인도인들이 지닌 그러한 믿음이야말로, 빛과 생명 속에서 뿐만이 아니라, 죽음과 고난 속에서도 우리와 함께 계시는 성육신하신 그리스도에 대한 저 자신의 믿음과 조금도 다를 것이 없다는 생각이 들었습니다. 갠지스 강둑과 바라나시 시의 골목길에서 생生과 사死는 모두 인간의 얼굴을 하고 있었으며, 바로 그와 같은 인간적인 측면이 성육신의 핵심을 이루고 있었습니다. 인도인들은 최고의 빛인 시바가 수많은 얼굴로 나타나, 자신들의 일상적인 삶 가운데 함께 한다고 믿고 있습니다.

마지막으로 한 마디 덧붙일까 합니다. 인도인들에게는 '요티르 링가'빛의 화신가 하나가 아니라 무수히 많습니다. 그리고 그들에게는 진정

으로 심오한 것이, 유일성과 독특성보다는 일상적인 반복성과 다면
성多面性에 훨씬 더 직접적으로 관련되어 있습니다. 또 하나의 '요티르
링가'인 케다르나트는 히말라야의 높은 산중山中에 있습니다. 거기서
는 아침저녁으로 '니르반 아라티'시바의 바위에 대한 찬양와 '가르 아라티'장엄한 얼
굴을 한 시바상(像)에 대한 찬양가 교대로 울려 퍼지곤 합니다. 그리고 인도 중부
우자인에 있는 또 하나의 '요티르 링가'에는 '장키스''섬광' 이라는 뜻라 불
리는 시바의 얼굴들이 돌기둥 위에 새겨져 있습니다. 비록 『우파니
샤드』의 위대한 전승들이, 서방의 신비적인 전승들과 마찬가지로 부
정의 언어를 사용하고 있기는 하지만'네티, 네티, 네티' 이것이 아니다, 이것이 아니다, 이것이 아
니다, 최소한 저의 체험에 그와 같은 언어를 적용할 수는 없을 것 같습
니다. 오히려, 저에게 깊은 감명을 준 체험들에 대하여는 긍정의 언
어'아스티, 아스티, 아스티' 이것이다. 이것이다. 이것이다.가 적용되어야 할 것입니다. 시바 숭
배에 있어서는 추상성과 유일성, 그리고 구체성과 다양성이 혼재되
어 있습니다. 하지만 저에게 가장 큰 놀라움과 깊은 감명을 준 것은,
신성한 유일성의 측면이 아니라 성육신한 신의 구체적이고도 다양한
모습들이었습니다.

# 순례의 길에서

머레이 로저스[Murray Rogers]

이번 교오토 모임은 동방정교회와 로마 가톨릭, 그리고 개신교의 주요 교단들에서 온 사람들이었다. 하지만 그들은 자신들이 속한 교단이나 지역을 대표하는 사람들이 아니었다. 그들은 다만 이웃종교의 영성에 대하여 깊은 관심을 가지고, 오랫동안 그들 중 상당수가 15~20년, 어떤 이들은 그 이상 이웃종교의 영성수련에 동참해 왔을 뿐이다. 그들 가운데 한 사람인 영국 성공회 신부 머레이 로저스는 아시아에 무려 42년 동안이나 머물면서, 소위 '화통한 친구들'[Open Fellowship]이라는 조직을 통해 아시아인들의 여러 종교 전통과 활발한 교류를 했다. 그는 당시의 상황을 다음과 같이 술회하고 있다. "성령께서는 서서히 새로운 눈으로 이웃종교와 그 영성수련 방법을 살펴보도록 저를 인도해 주셨습니다. 그리고 저는 저

와는 다른 영성의 길을 가는 벗들에게서 매우 특별한 도움
을 받았습니다. 결국, 외형적·사회적인 측면을 제외하고는
이웃종교라고 부를 수 있는 것은 없다는 결론에 도달하게
되었습니다." 머레이 로저스는 인도뿐만이 아니라 예루살렘
과 중동과 홍콩에서도 아쉬람 생활을 계속해 나갔다. 한 마
디로, 그의 삶은 순례자의 삶이었다.

저는 제 인생 가운데 42년을 아시아에서 보내는 행운을 누려 왔습니
다. 그리고 그 중 9년은 예루살렘 구舊 시가지에서 보냈습니다. 그
기간은 제가 일찍 받아들였던 소위 '선택된 백성'이라는 개념이 붕괴
되기에 충분한 기간이었습니다. 그리스도의 삶과 가르침에 비추어
볼 때, 그것은 하나의 허구에 불과한 믿음이었습니다. 『요한복음』 3
장 16절의 "하나님이 세상을 이처럼 사랑하사..."라는 말씀이 진리일
진대, 유대인들과 그리스도인은 '1류'인 반면 다른 사람들은 '2류'나
'3류'에 불과하다는 생각을 어떻게 옳다고 할 수 있겠습니까? 그것은
유대인들과 그리스도인의 자기 확인을 위한 정신적·심리적 계책이
될지는 몰라도, 그리스도의 뜻과는 아주 거리가 멉니다. 베드로가 설
파했듯이. "하나님은 결코 사람의 외모를 취하지 아니하십니
다."(행10:34)

유대인들과 그리스도인 그리고 이슬람교도들이 모두 '거룩한 도
성'으로 여기는 예루살렘에서 제가 체험한 것들은, 나중에 힌두적인
색채가 짙은 인도와, 유교·도교·불교의 분위기가 지배적인 중국에서
의 체험으로 이어졌습니다. 우리와는 다른 영성의 길을 가고 있는 벗
들에게서 특별한 도움을 받은 저는, 외형적·사회적 차이점을 제외하
고는 특별히 '이웃종교'라고 부를 수 있는 것이 없다는 결론에 도달

했습니다. 저는 하나님의 은총으로 '믿음'과 기쁨 속에서 하나님을
신뢰하며 살아가는 가운데, 그리스도의 복음과 성만찬을 통해 날마
다 하나님의 실재를 생생하게 느낄 수 있었습니다. 그리고 지금은,
'믿음'으로 사는 사람이라면 누구나, 사나타나 다르마의 수행자이건,
이슬람교도이건, 불교도이건, 유대인이건, 아니면 도교를 신봉하는
사람이건, 형제자매가 될 수 있다는 확신을 갖게 되었습니다. 이와
같은 확신은 소위 '유일신'을 신봉 하는 사람들의 구분과 분리를 특
징으로 하는 믿음과는 달리, 자신의 내부에, 또는 자신을 초월하여
'절대적인 실재'가 존재한다는 실존적인 믿음입니다. 그리고 그 '실
재'가 어떠한 이름으로 불리건 간에, 그것에 대한 믿음은 우리 모두
의 근본이 하나임을 깨닫게 해 줍니다.

성령께서는 저로 하여금 수십 년간 다른 영성의 길을 걷고 있는 벗
들과 신앙 체험을 나누게 하심으로써, 이웃종교에 대한 저의 시각을
서서히 바꾸어 놓으셨습니다. 저는 결국, 그리스도인이기에 어쩔 수
없이 물려받았던 난시적인 안목을 바로잡을 수 있었습니다. 그와 같
은 그릇된 안목은 소위 '그리스도의 궁극성'이라는 주장과 우리 그리
스도인이야말로 다른 사람들과는 달리 완전한 존재로서, 하나님의
택하심을 받았다는 독선적인 생각에서 비롯된 것이었습니다. 우리는
모두 '도상途上의 나그네'이자 하나님의 자녀입니다. 저는 전에도 어느
글에서 말씀드린 것처럼, 그리스도교를 비롯한 모든 종교가 가르치
려고 하는 근본 메시지는, 그 메시지를 표방하는 종교 체계나 조직보
다는 훨씬 더 깊고 높은 차원에 속해 있다고 믿고 있습니다. 우리 주
예수 그리스도는 결코 그리스도인이 아니셨습니다! 그분의 복음 선
포와 구원 사역이 유대 배경에서 이루어졌던 것만큼은 사실입니다
만, 그것이 유대 영성과 문화에만 수용되기에는 너무나도 위대하고

강렬했습니다.

저는 우리 모두가 그리스도의 제자로서 그분을 통해 하나님에게로 나아감에 있어서 올바른 안목을 회복할 필요가 있다고 생각합니다. 저의 경우에는 그와 같은 회복이, 하나님의 특별한 선물로서 힌두교, 선불교, 그리고 최근에는 노자와 장자 등 도교 성자들과의 만남을 통해 이루어졌습니다. 그들이 저의 형제자매이자 순례 길에서 만난 길벗임을 체험을 통해서 알고 있기에, 저는 기쁜 마음으로<sup>그리스도와 그분의 교회</sup> 에 대한 불충이라는 문제와 무관하게 그들의 소중한 체험에 동참하고 그들의 신비를 함께 맛보며 모든 아픔과 형태를 초월하는 궁극적 존재와의 만남에 동참하는 것입니다. 그러면 '나'와 '그들'이라는 개념이 사라지고 오로지 '우리' 만이 남게 됩니다. 저에게는 이미 그들을 내편으로 만들기 위한 십자군 전쟁 같은 것은 존재하지 않습니다. 그리스도교를 포함한 모든 종교에는 항상 광신이라는 현상이 존재해 왔습니다. 하지만 그것은 피조물을 초월하여, 또는 그 안에 있는 신성에 대한 분명한 모독이라고밖에 말할 수 없습니다.

"말씀이 육신이 되셨고..." 유사<sup>有史</sup> 이래 최고로 경이로운 이 사건이 일어난 이후로 그 육신이 되신 '말씀'의 제자들은 신학이라는 이름으로, 그 '육신'을 다시 '말씀'으로 환원시키는 일에 몰두해 왔습니다. 이 문제에 관하여 힌두교·불교·도교를 신봉하는 아시아의 형제자매들은 지적인 허구에 불과한 말과 개념에 머물러서는 안 된다고 충고한 것입니다. 오로지 성경적인 차원에서 심오한 체험을 바탕으로 한 '하나님에 관한 지식'만이 의미가 있습니다. 니케아 신조를 유창하게 해설할 수 있는 신학자가, 말로는 표현할 수 없는 하나님의 신비인 거룩한 성삼위에 관하여는 완전히 무지할 수도 있습니다. 반면에, 자신의 내부에 충만해 있는 궁극적인 실체에 관하여 단 한 마디

말도 할 수 없고 단 한 줄의 글도 쓸 수 없지만, 그 말씀의 실천가요 행동가가 될 수 있습니다. 신에 관하여 알고 신에 관하여 말하며 기도에 관하여 가르치는 일과, 신을 알고 실제로 명상적인 기도에 몰입하여 그 정수를 맛보는 일은 전혀 별개의 일입니다. 인도인들은 브라만에 관하여 말하는 사람<sup>브라마바디</sup>과, 브라만을 아는 사람<sup>'브라마드비드'</sup>을 분명히 구별하고 있습니다만, 그리스도인, 특히 서구 교회의 그리스도인에게는 그와 같은 구별이 생소한 것 같습니다. '사다나'라는 산스크리트어에는 힌두교인과 불교도의 삶의 자세가 축약되어 있습니다. 저는 거기에 담긴 깊은 뜻을 깨닫고 나서 하나님께 감사를 드렸습니다. '사다나'라는 말이 뜻하는 영적인 수행에는 고된 노동은 물론이려니와 일상적인 삶의 다반사들이 포함됩니다. 그것은 우리 자신과 우리의 영육을 인도해 주는 절대적인 실재와 동행하는 삶을 목표로 합니다. 그리스도인의 경우에는 그것이, 하나님이 인간을 창조하신 본래의 모습대로 살아 갈 수 있도록 성령께서 우리를 변화시켜 주시기를 원하는 사람이라면 누구나 따라야 한 삶의 방식이자 영적인 수행 방법이라고 할 수 있습니다. 바울이 『로마서』 12장 2절에서 말하듯이, 마음을 새롭게 하여 새 사람이 되고자 하는 사람은 날마다 일상적인 삶 가운데에서 '사다나'를 실천해 나가야 할 것입니다.

저의 '사다나'에는 아침에 일어나서 다시 잠자리에 들어가기까지 모든 활동, 즉 명상, 식사, 운동, 기도 등이 포함됩니다. 그것은 제가 매순간 하나님을 의식하며 살아갈 수 있도록 항상 깨어 있는 상태를 유지하는 것을 의미합니다. 『바가바드기타』<sup>(12:18~19)</sup>역시 비슷한 표현을 하고 있습니다. 저는 바로 이러한 상태를 저의 '사다나'의 목표로 삼고, 주님께서 저에게 요구하시는 영적인 수행을 날마다 계속해 나가고 있습니다. 주님은 우리에게 이렇게 말씀하십니다. "친구와 적을 똑같이 사랑할 수 있는 사람, 사람들의 칭송이나 비난에 흔들리지 않는 사람, 덥거나 춥거나, 기쁘거나 슬프거나 변함이 없는 사람, 아집이나 고집이 없고 믿음이 굳센 사람, 그리고 언제나 어디서나 충만함과 조화가 넘치는 사람, 나는 이런 사람을 사랑한다." 하지만 슬프게도, 우리 그리스도인은 인간을 탐욕과 물질주의에 빠뜨리는 현대 사회의 사고방식과 삶의 양식을 좇으면서 영적으로 표류할 때가 얼마나 많습니까? 그럼에도 불구하고, 성령께서는 우리 영혼의 가장 깊숙한 곳에 살아 계셔서, 주님에 대한 우리의 의식을 끊임없이 일깨워 주십니다. 바로 이 같은 사실을 저는 힌두교와 선불교 친구들에게서 배울 수 있었습니다.

이와 같은 수행에서는 날마다 명상의 시간을 갖는 일이 매우 중요합니다. 우리가 이미 알고 있듯이, 고요한 명상수련 없이 그리스도에 대한 의식 속으로 깊숙이 침잠해 들어가거나 그분과 하나가 될 수는 없습니다. 이 같은 사실은 그리스도교보다는 힌두교나 불교에서 더욱 강조되고 있습니다. 우리 그리스도교에서는 십자가의 성 요한<sup>St. John of the Cross</sup>, 아빌라의 성 테레사<sup>St. Teresa of Avila</sup>, 그리고 에크하르트<sup>Meister Eckhart</sup> 같은 신비주의자들이 이렇게 명상하며 살아가는 법을 가르쳤습니다. 우리는 동방정교회의 영적인 보고寶庫인 『필로칼리아<sup>Philokalia</sup>』에서 그러한 방법을 배울 수도 있고, 일찍이 그와 같은 길을 걸었던 영적인 스승들의 인도를 받을 수도 있습니다. 저의 경우에는 힌두교와 불교의 가르침과 수행을 통해, 다음과 같은 주님의 말씀이 지닌 진정한 의미를 깨닫게 되었습니다. "네 마음을 다하고 목숨을 다하고 뜻을 다하고 힘을 다하여 주 너의 하나님을 사랑하라. 네 이웃을 네 몸과 같이 사랑하라"<sup>(막 12:30~31)</sup>. 그리스도 안에서 살아가는 데에는 지름길이 있을 수 없으며, 그리스도인의 영성수련에 있어서는 '즉석 식품점' 같은 것이 존재할 수 없습니다.

　이웃종교 영성과의 이 같은 합류는, 제가 '성만찬적인 삶'이라고 밖에 표현할 수 없는 우리의 체험을 통해 수십 년 동안 서서히 이루어진 것입니다. 여기서 '성만찬적인 삶'이란 성만찬 의식을 날마다 거행한다는 뜻이 아니라, 그 사건 속에서 그리스도 안에 있는 우리의 삶과 힌두교·불교·도교의 길을 걷는 사람들의 삶이 하나로 융합되는 것을 가리킵니다. 비록 그들이 우리의 성만찬 의식에 직접 참여하는 경우가 극히 드물기는 해도, 우리는 그들의 경전에 적힌 말씀이나 종교적인 상징들, 즉 종소리, 향공양, 불공양 등을 통해 의식意識 속에서 그들과 하나가 될 수 있습니다. 동양의 현자들이 남겨 놓은 경전또는 저술 중에는 『우파니샤드』, 또는 『바가바드기타』, 『장자』 등의 저술들이 대표적인 위치를 차지합니다. 우리는 날마다 성경을 읽기 전에 그러한 책들을 읽곤 합니다. 그럴 때마다 성경 말씀과 그 책들의 내용이 서로 공명하면서, 우리의 영혼에 강력한 활력소 역할을 하곤 합니다. 때로는 우리가 다양한 자료들을 참조하여 소위 '힌두 기도서'라는 책으로 편집한 힌두 기도문들이 우리에게 놀랍도록 풍성한 영적 양식이 되어 줍니다. 그래서 지금은 베다 경전에서 골라 뽑은 노래와 찬송들이 없다면 우리의 영성 생활이 지극히 무미건조하게 될 지경입니다.

　물론, 이웃종교의 경전들을 학문적·지적으로 탐구할 여지가 없는 것은 아닙니다. 하지만 거기에는 언제나 한계가 있습니다. 그 경전들에 포함된 영적인 체험들을 오로지 '머리로만' 이해하는 데서 그치는 경우가 너무나 많기 때문입니다. 자신이 직접 체험해 보지 못한 것들을 단지 지적으로만 이해하고 나서, 그것들에 관하여 생각하고 말하는 사람은 '브라마바디'에 불과합니다. 불행하게도, 바로 이 점이 힌두교와 불교의 수행자들의 눈에 비친 대부분의 그리스도교 신학자들의 모습입니다.

그리스도교 신비주의의 경우와 마찬가지로, 영적인 지식과 깨달음에 이르는 '동양적인' 길들은 영적인 스승<sup>또는 인도자</sup>이 없이는 궁극적인 깨달음을 얻을 수 없다는 것을 전제로 하고 있습니다. 오늘날 서구인들 가운데에는 동양에서 온 영적인 수행자들을 경멸하는 것을 좋은 소일거리처럼 생각하는 사람들이 많은 것 같습니다. 하지만 영적인 스승의 인도로 깨달음에 이르는 것이 어떤 것인지를 맛본 우리에게는 힌두교나 선불교 같은 동양의 종교가 성령의 선물처럼 느껴집니다. 예를 들어, 라마나 마하르시 같은 사람은 다른 사람의 도움 없이 인간 영혼의 깊이를 속속들이 측량할 수 있었습니다. 하지만 진지한 마음가짐으로 영적인 순례의 길을 가고자 하는 사람에게는 반드시 스승이 필요한 법입니다. 그리고 깊은 명상적 기도를 위해서도 영적인 스승이 필요합니다. 그러한 스승이야말로 수행자의 의식이 '사마디'라 불리는 궁극적 목표<sup>하지만 그것을 정확하게 정의내리기는 어렵습니다</sup>를 달성할 수 있도록 인도해 주는, 하나님의 사자이자 은총의 선물이기 때문입니다. 오로지 자기 자신에 대한 집착과 자기기만을 벗어나 온전한 영적 상태에 도달한 제자만이 스승의 인도를 받아 영원한 영계<sup>靈界</sup>의 문을 통과할 수 있습니다. 그리고 오직 그 문을 통과한 제자만이, 그 스승과 마찬가지로, '하나님의 모든 충만하신 것'<sup>(엡 3:19)</sup>에 도달할 수 있습니다. 그런 사람은 자신의 의식 깊숙한 곳에 영원히 '저 편'으로 건너갔다는 생각을 품은 채, 정상적인 사회생활로 되돌아 와 세계 시민의 일원으로서 자신에게 주어진 책임을 다해 나갈 것입니다.

우리가 친구이자 스승으로 친교를 나눌 수 있는 축복을 받았던 스와미 아비식타난다는 1971년 1월 15일자 자신의 일기에 다음과 같은 글을 남겼습니다. "그리스도의 위대성이 신약과 교회에 의해 우리에게 알려진 것처럼 축소될 수는 없다." 그는 진리를 말했습니다. 우리 그리스도인은 자기 자신의 저울로 그리스도를 저울질하기 쉽습니다. 힌두교와 불교의 형제자매들이 영적인 순례의 길에서 체험한 것들은 물론이려니와 '그리스도교적인' 영성수련에 접할 수 있었던 기회 덕분에, 스와미 아비식타난다는 모든 이름과 형태를 초월한 인간 본연의 모습을 회복할 수 있었습니다. 우리가 체험하고 있는 세상 밖으로 인도하는 그의 목소리를 들을 때마다, 우리는 마치 영광과 경이驚異 속에서 우리들 자신이 하나의 융단 자락으로 직조되는 듯한 느낌이었습니다. 그것은 모든 피조물로 하여금 궁극의 목표에 이를 수 있게 해 주는 위대한 침묵, 곧 아버지의 생명의 직조였습니다.

다음에 소개하는 떼이아르 드 샤르뎅Teilhard de Chardin의 말이 우리로 하여금 생명의 놀라운 신비에 참여할 수 있도록 허락해 주신 하나님께 대한 감사의 마음을 대변해 주기를 바랍니다.

마치 거대한 파도와도 같이, 저 궁극적인 존재는 모든 존재의 떨림을 제압할 것이다. 그러면 세상에서 벌어지는 모든 기이한 일들이 고요한 대양大洋의 가슴 속에서 종말을 고할 것이다. 그럼에도 불구하고, 대양의 해수海水 한 방울 한 방울의 모든 개체는 여전히 자신의 존재를 또렷이 의식할 것이다.

# 포괄적인 영성 세계로의 여행

토마스 탕가라즈<sup>Thomas Thangaraj</sup>

흥미롭게도, 서구적인 그리스도교 전통 속에서 자라난 머레이 로저스<sup>Murray Rogers</sup>가 아시아적인 영성수련 방법을 그리 어렵지 않게 체득하여 신학적 용어로 해설할 수 있게 된 반면, 인도의 그리스도인인 토마스 탕가라즈는 자신의 힌두적인 배경과 관련하여 전혀 다른 관점에서 그리스도교를 증언하고 있다. 각 종교의 정체성 및 서로간의 관계와 관련하여여러 가지 문제를 제기하는 그의 이야기에는, 아시아에 사는 그리스도인의 삶의 모습이 반영되어 있다.

저는 인도의 타밀나두 남부에 있는 나사렛이라는 한 작은 마을 출신입니다. 2백여 년 전 우리 마을 사람들은 그리스도교를 받아 들여 마을 이름을 '참파투'에서 '나사렛'으로 바꾸었습니다. 마을 한복판에 뾰족탑이 있는 교회가 세워졌고, 우리 마을은 그 교회를 중심으로 새롭게 편성되었습니다. 저는 소년 시절에 우리 마을과 비슷한 마을들을 전전하며 보냈기 때문에, 소위 '지방색을 띤 영성'에 익숙해져 있었습니다. 제가 아는 유일한 종교 조직은 오로지 성가대와 주일학교 등 여러 가지 프로그램이 있는 교회뿐이었기 때문에, 제가 이웃종교를 믿는 사람들과 접촉할 기회는 그리 많지 않았습니다. 제가 다니는 학교에는 힌두교도도 있었고 이슬람교도도 있었지만, 서로의 종교에 관하여 이야기하는 일은 단 한 번도 없었습니다. 그럼에도 불구하고, 저는 비교적 동정심이 많았기 때문에 가난한 친구들을 도우려고 애썼습니다. 그리고 상처가 난 사람들에게 응급처치를 해 줄 생각으로, 코코넛 기름에 종이를 태운 재를 버무려 작은 병에 넣어 갖고 다니곤 했습니다.

제가 일곱 살 나던 해의 일입니다. 저는 축제가 한창인 인근 마을의 어느 힌두 사원을 찾아 간 적이 있습니다. 거기서는 마침 희생 제물로 동물을 바치고 있었는데, 저는 그 광경을 두려움이 섞인 호기심으로 지켜보았습니다. 이상한 소리들과 염소의 피 냄새, 그리고 휘황찬란한 휘장의 색깔들이 저의 경외감을 불러 일으켰습니다.

대학생이 되면서 저는 그리스도교에 관하여 많은 의문점이 생겼습니다. 저의 내부에서 그리스도교에 대한 거부감이 치솟아 오르면서, 지금까지 제가 배워온 것들이 터무니없는 것들이라는 생각이 들었습니다. 하지만 졸업을 앞두고는 복음주의적이고 근본주의적인 차원에서 회심의 체험을 했습니다. 새롭게 영적인 활력을 얻은 저는 교회의 사역에 헌신하기 시작했고, 성경 봉독이나 기도모임 같은 전통적인 영성수련 방법들을 의미 있게 받아들였습니다. 이와 함께 저는 다른 사람들, 특히 그리스도인이 아닌 사람들에게, 예수 그리스도의 복음을 전파하기 위해 활발한 활동을 벌였습니다. 그리스도교적인 믿음이 저에게는 수정처럼 투명하게 느껴졌으며, 그리스도를 증거 하는 일에 대하여 일종의 사명감 같은 것이 생겼습니다. 저의 생애 중 이 기간의 영성은 소위 '배타적인 영성' 이라 불릴 수 있을 것입니다. 당시에는 그것이 너무나도 명백했기 때문에, 힌두적인 그 무엇도 저의 영성 생활에 침투해 들어 올 틈이 없었습니다.

제가 목회사역을 위한 준비 과정으로 서<sup>西</sup> 벵갈의 세람포르에 갈 때만 해도 이와 같은 '배타적인 영성'이 저를 지배했습니다. 하지만 신학 공부를 계속해 나갈수록, 제가 그때까지 영성에 관하여 이해하고 실천해 온 것들에 대한 의문점만 더해 갔습니다. 결국 저는 영성이 오로지 한 가지 형태만을 띨 수 없다는 결론에 도달했습니다. 이때 저로 하여금 포괄적인 영성 세계를 탐구하게 했던 계기는, 강의나 독서나 공부보다는 세람포르 힌두교도들과의 활발한 접촉이었습니다. 그리고 음악에 대한 저의 관심은 힌두교 영성과의 예기치 않은 만남의 계기가 되었습니다. 힌두교 친구들은 자기들의 축제, 특히 축제 기간에 음악을 연주하는 '두르가 푸자'에 저를 초대하곤 했습니다. 그럴 때마다 저는 두르가의 상<sup>像</sup> 앞에 서서 '비<sup>非</sup> 그리스도교적인' 음악을 연주하곤 했습니다. 이는 당시의 저로서는 영적인 위기가 아닐 수 없었습니다만, '친구들'의 초대를 거절하기는 어려웠습니다. 이렇게 해서 포괄적인 영성 세계를 향한 저의 첫걸음이 시작되었습니다.

여기서 저는 저의 삶에서 음악이 어떠한 위치를 차지하는지, 한 말씀 드려야만 하겠습니다. 처음에 제가 의심했을 때에는 찬송가 이외에는 그 어떤 곡도 연주하지 않으리라고 결심했었습니다. 저는 마드라스 크리스천 칼리지에서 공부할 때, 히버 홀 오케스트라의 일원이었습니다. 그러던 중 우리는 영화 음악을 연주하게 되었는데, 당시의 저로서는 세속적인 음악을 연주한다는 것이 저 자신과의 약속을 어기는 것이나 다름없었습니다. 저는 지휘자를 찾아가, 오케스트라를 떠나겠다는 뜻을 밝혔습니다. 그러자 그분은 이렇게 말씀하시는 것이었습니다. "토마스, 음악이란 신성한 것이라네, 제발 종교라는 좁디좁은 울타리에 가두려고 하지 말게." 하지만 당시로서는 저의 음악 세계가 확장되는 것을 저의 '배타적인' 영성이 허락지 않았습니다.

저는 목사 안수를 받고 나서 여덟 교구를 할당받아 목회 활동을 시작 하게 되었습니다. 주일이 되면 최소한 5회 이상 성만찬 의식을 거행하여야 했고, 일종의 '기계적인 영성' 속으로 빠져 들지 않나 하는 생각이 들었습니다. 하지만 마을 성도들의 단순하면서도 활기찬 영성이 오히려 목회자인 저의 영성에 커다란 활력소가 되었습니다. 저는 예배 시간에 그 지방의 민속음악으로 몇 가지 실험을 해 보았으며, 그 결과는 매우 만족스러운 것이었습니다.

이 기간 중 제가 체험한 매우 인상적인 일에 관하여 말씀드릴까 합니다. 어느 그리스도교 계통의 지방 대학에서 힌두교도들과 이슬람교도들이 포함된 반 학생들에게 윤리학 강의를 할 때였습니다. 첫 시간에 저는 윤리학 강좌 시간에 무엇을 공부하며 토론하고 싶은지를 학생들에게 물었습니다. 그들은 모두 한 목소리로, "그리스도교에 관해서 알고 싶습니다." 하고 대답하는 것이었습니다. 전혀 예상치 못했던 대답인지라 처음에는 약간 당황했지만, 다른 종교에 대한 그들의 적극적인 관심이 갸륵하게 느껴졌습니다. 그리고 나중에 이 강좌가 거의 끝나갈 무렵에는 힌두교와 이슬람교를 믿는 학생들의 열린 마음이 저의 영성을 풍요롭고 건강하게 해 주었음을 알 수 있었습니다.

이 일이 있고 나서부터, 저는 신학 교사로서 그리스도교적인 삶과 예배 방식에 힌두교적인 영성과 영성수련 방법을 융합시키기 위해 여러모로 노력했습니다. 특히 힌두 음악은 저의 영적인 순례에서 없어서는 안 될 위치를 차지하게 되었습니다.

이밖에도 저는 두 가지 종류의 영성, 즉 명상과 투쟁을 융합시키는 문제를 놓고 씨름했습니다. 힌두교를 믿는 친구들과의 지속적인 종교간 대화와, 인도 사회의 정치·사회적인 상황 속에서 투쟁을 계속해 나가는 동료들의 모습이 저로 하여금 좀 더 적극적으로 그 문제에 접근하도록 만들었습니다.

이 문제를 설명 드리기 위해서 저의 체험을 예로 드는 것이 도움이 될 것 같습니다. 저는 종교 간의 대화를 위해 정기적으로 모임을 갖고 있는 사이비테 그리스도교 연구회의 회원입니다. 지난 해 성<sup>聖</sup> 금요일에 모임을 가진 우리는 사람들이 겪는 고난이라는 문제를 그리스도의 십자가에 비추어 토의했습니다. 우리는 비록 서로 다른 종교를 믿고 있었지만, 십자가 아래에서 함께 인류의 문제를 놓고 고민했습니다. 그날 저녁에 그리스도의 십자가가 얼마나 생생한 빛을 발했는지, 그리고 우리가 함께한 십자가 체험이 얼마나 심오한 것이었는지 이루 형언키 어렵습니다. 우리는 사랑과 생명의 하나님의 영이 충만한 가운데, 우리 각자의 존재 깊숙한 곳으로부터 우러나오는 영적인 대화를 나눌 수 있었습니다.

최근에 저는 마두라이 근처에 있는 한 작은 마을을 방문한 적이 있는데, 그 마을에서는 상층 카스트 계급에 속한 사람들이 하리잔(하층 카스트)들을 공격한 사건이 일어났다고 했습니다. 하리잔들은 깊은 절망과 비탄에 빠져 있었습니다. 우리는 그들을 위로하면서, 그들이 정당한 권리를 되찾을 수 있는 길을 함께 찾아보았습니다. 그들과의 대화는 우리가 다시 한 번 그리스도의 십자가를 실감할 수 있는 영적인 체험이 되었습니다. 비록 우리들의 대화에서 '하나님'이라는 말이 사용되지는 않았지만, 우리는 혼돈 속에서 우주를 창조하신 하나님의 영이 우리와 함께하고 계신 것을 느낄 수 있었습니다. 저는 이처럼 명상과 투쟁을 영성적인 차원에서 융합시킬 필요를 느끼게 하는 사례들을 이밖에도 얼마든지 말씀 드릴 수 있습니다. 우리 시대의 영성은 이와 같은 창조적인 융합을 절실하게 필요로 하고 있습니다.

저의 영적인 순례 과정은 한 마디로, 포괄적인 영성 세계로의 꾸준한 진입 과정이었습니다. 거기에는 힌두교의 개방성과 음악성, 그리고 이웃종교들의 다양한 영성수련 방법들이 포함됩니다. 하지만 여기서 우리는 다음과 같은 질문을 예상할 수 있습니다. 그러면 우리는 이웃종교에 대하여 과연 어느 정도까지 개방적인 태도를 취하여야 하는가? 하지만 저는 하나님의 창조적인 영이 우리가 알지 못하고 예상치 못한 포괄적인 영성 세계로의 순례의 길을 자상하게 인도해 주시리라고 믿습니다.

# 절대자와의 합일合一

## 마타지 반다나<sup>Mataji Vandana</sup>

어떤 이들은 힌두교적인 환경이 그리스도인으로서 자신들의 정체성에 아무런 위협도 될 수 없다고 느끼고 있었다. 그들은 힌두교적인 영성수련 방법을 기꺼이 받아들이려고 했으며, 우리의 영성 생활에 도움이 되는 수행 방법과 어떤 종교의 영성 그 자체를 철저히 구별했다. 그리스도인의 영성은 성령의 인도하심 가운데 성령 안에서 살아가는 것을 뜻한다. 그리고 영성수련이란 이 같은 삶을 유지하고 촉진시킬 수 있는 종교 관행을 가리킨다. 마타지 반다나는, 그리스도인의 영성이 그리스도 안에서 살아가는 것을 의미한다고 말하고 있다. 하지만 그녀는 이미 오래 전부터, 그리스도의 영과 상충되지 않는 힌두교의 영적인 전통과 종교 관행들을 자기 자신의 삶 속에 수용해 왔다. 이는 무엇을 뜻하는가? 우리는 마타지에게 그녀의 아쉬람에서 어떠한 종교 관행들을 받아들이고 있는지 물어 보았고, 그녀는 신에게로 나아갈 수 있는 세 가지 길 '마르가' - 헌신의 길, 지식<sup>지혜</sup>의 길, 행동의 길 - 이 어떻게 아쉬람에서의 생활 속에서 융합될 수 있는지 말해 주었다. 그녀가 히말라야 산중에 세운 지반 다라'<sup>살아있는 여울들</sup>'에서는 그리스도인과 힌두교인들이 아쉬람 생활을 함께 하고 있으며, 거기서는 그리스도인의 삶과 행동이 '세 가지 길'의 영적 원리를 따르고 있다.

저는 '영성'이라는 말을, 성령의 인도하심에 따라 살아가는 삶이라는 뜻으로 이해하고 있습니다. 그러므로 '영적인 사람'은 성령 안에서 성령의 인도하심에 따라 살아갑니다. 그리고 그리스도교적인 영성은 그리스도의 영을 지닌 사람에 의해 구현됩니다. 그리고 그러한 그리스도인이라야 그리스도의 영과 상치되지 않는 이웃종교의 관행들을 수용할 수 있습니다. 우리가 피하여야 할 것은 오로지 복음의 영을 거스르는 것들뿐입니다. 예수께서도 "우리를 반대하지 않는 자는 우리를 위하는 자니라"<sup>(막 9:40)</sup> 라고 말씀하셨습니다. 이러한 맥락에서, 제가 힌두교나 불교로부터 받아들인 종교 관행들이 어떻게 저의 그리스도교적인 영성에 도움이 되었는지 말씀드리고자 합니다.

우선, 제가 받아들인 것들이 단순한 종교 관행들에 그치지만 않았다는 사실을 말씀드리고 싶습니다. 저는 인도의 오랜 전통 속에서 형성된 요가적인 삶의 양식을 받아들였고, 그것이 매우 복음주의적이라는 사실을 알게 되었습니다. 그렇다면 요가 수행이란 무엇일까요? 그것은 복음에 따라 살아가는 것과 어떠한 차이가 있을까요? 캔터베리의 대주교 램지<sup>Ramsay</sup> 박사는 힌두교의 저명한 '구루'로서 놀라운 통찰력을 지닌 것으로 알려진 스와미 벤카테 샤난다에게 다음과 같은 질문을 한 적이 있습니다. "만약에 저의 종교와 믿음과 수행방법과 하나님께 대한 접근방법이 완벽한 것이라고 할지라도 여전히 제가 요가 수행을 계속해 나가기를 원하십니까?" 그러자 스와미는 이렇게 대답했다고 합니다. "중요한 것은 당신이 '요기'<sup>요가 수행자</sup>라는 사실입니다. 당신은 단지 다른 용어를 사용하고 있을 뿐이고, 그것은 그리 중요한 일이 못 됩니다."[1]

제가 받아들인 요가 기법들은 어느 곳에서건 적용될 수 있는 요가적인 삶의 양식을 바탕으로 하고 있습니다. 그리고 요가적인 분위기 속에서도 좀 더 자연스럽게 인도인의 그리스도교 영성에 도움이 될 수 있는 또 하나의 인도 전통 - 아쉬람 - 속에서 생성된 것들입니다.[2]

요가적인 삶의 양식은 저와 저 자신<sup>몸과 영혼의 '합일체'</sup> 및 저의 외적인 환경이나 하나님과의 '조화'와 '합일'에 크게 도움이 됩니다. 비록 요가가 힌두 전통에서 나온 것이고, 파탄잘리에 의해 체계화되기 전까지 오랜 세월에 걸쳐 인도인들의 수행 방법 가운데 하나로 자리 잡아 온 것이기는 하지만, 거기에는 소위 '종교성'이 포함되어 있지 않기 때문에, 어떠한 종교를 가진 사람<sup>또는 무종교인</sup>이라 할지라도 수행이 가능합니다. 제가 여기서 말씀드리는 요가는 대중적이고 제한된 의미에서 '하타 요가'<sup>몸의 자세를 위주로 하는 '아사나'</sup>는 아닙니다. 비록 요가가 '합일'이라는

1) Swami Venkatesananda 와 Fr Terence Melvin OSM 공저, 『Christ, Krishna and You』, Chiltern Yoga Foundation, 1983, p.23.
2) 힌두 전승에 의하면, '아쉬람'은 스승과 제자의 만남의 장소이자 그들의 공동생활의 터전이다. 나는 리쉬케쉬에 있는 힌두 아쉬람에서 몇 년을 보내면서, 하나님의 사람 한 분을 스승으로 모실 수 있는 행운을 누렸다. 그곳에서 내가 배운 것들이 나의 그리스도교적인 삶을 얼마나 풍요롭게 해 주었는지를, 나는 다음과 같은 저서에 기술해 놓았다. Vandana, 『Gurus, Ashrams and Christians』, London, Darton, Longamn Todd, 1978. 오늘날 인도에는 '아쉬람'으로 자처하는 그리스도교 단체 및 기도원들이 상당 수 존재한다. 하지만 그들 모두가 자신들이 목표로 하는 삶을 성취하고 있지는 못하다.

의미에서 하나의 분명한 목표가 될 수 있지만, 거기에는 우리 주 예수님이 하나님과의 합일로 인도하는 생명의 '길' 이듯 '길' 이라는 의미도 포함되어 있습니다. 요가가 하나의 삶의 양식인 이상, 아쉬람에서의 우리의 삶이 어떻게 전개되는지 잠시 살펴 볼 필요가 있을 것 같습니다.

우리의 하루는 명상의 시간에 이어서 아침 기도와 예배'<sup>프라타 산디야3)</sup> 그리고 경전을 읽는 것으로 시작됩니다. 그리고 한낮에는 잠시 '자파<sup>japa, 마음 속으로 혹은 소리 내어 신의 이름이나 만트라를 반복적으로 염송하는 것</sup> 요가' 시간을 가진 다음, 세계 평화를 기원하는 '마드히안 산디야<sup>저녁 명상</sup>'를 합니다. 저녁에는 모두 함께 모여 한 시간 동안의 명상시간을 갖고 나서 '사이얌 산디야'를 합니다. 이처럼 모두 함께 모인 시간에 행하는 '산디야'<sup>Sandhyā, 문자적 의미는 '여명'으로 아침이나 저녁 예배의 명상수행</sup>에는 잠시 후에 설명드릴 '즈나나 요가', 그리고 '라자 요가'가 포함됩니다. 그리고 막간의 나머지 시간에는 각자에게 맡겨진 의무와 작업을 '카르마 요가'<sup>봉사의 길</sup>의 정신으로 수행합니다.

'즈나나 요가'<sup>지혜의 길, 지적인 활동</sup>, '산디야'를 행할 때와 마찬가지로 다른 경전에서 발췌된 기도문들이 사용되기도 하지만, 주로 『우파니샤드』와 『바가바드기타』에서 인용한 글들이 사용됩니다. 이 기도문들은 우리를 진리의 빛 - 지혜 - 가운데로 인도하며, 이 세상 그 무엇보다도 위대한 '지고<sup>至高</sup>의 영'이 발하는 광채 속으로 들어가는데 커다란 도움이 됩니다. 이웃종교의 경전들을 읽는 일은 우리가 성경을 이해하는 데에도 도움을 줍니다. 이미 친숙해 있기는 하지만 그 의미를

---

3) 낮과 밤이 만나는 새벽 미명과 태양이 천정(天頂)에 이르는 정오에 행하는 이 '산디야'가, 교회에서 통상적으로 행하여지는 새벽과 정오와 저녁에 열리는 기도 모임을 대신하고 있다.

진지하게 탐구해 보지 못한 본문들에 대하여 새로운 관심을 불러일으키기 때문입니다. 이웃종교의 경전들과 대조하면서 성경을 읽는 방법을 처음으로 저에게 가르쳐준 사람은 스와미 아비식타난다였습니다. 이 방법은 저 자신의 신학 공부와 영적인 삶을 전혀 새로운 차원으로 승화시켜 주었으며, 저는 다른 사람들도 저와 같은 체험을 하게 되기를 바랍니다.[4]

우리를 깨달음으로 이끌어 주는 이 지혜의 요가는 세 단계로 진행되며, 말씀에 대한 연구와 명상이 주된 내용을 이룹니다. 그리고 세 단계 중 첫 번째와 두 번째 단계는 익나티우스Ignatius의 명상법을 연상케 합니다.

(1) '쉬라바남': 이는 마치 마리아가 가브리엘 천사를 통해 하나님의 말씀을 들은 것처럼, 말씀에 귀를 기울이는 것또는 말씀을 읽는 것을 가리킵니다. "무엇이 옳으며 무엇이 그른지를 경전에 기록된 말씀들을 통해 판단하라. 경전의 말씀들을 이해하려고 노력하며 자신에게 맡겨진 일들을 이생에서 마치도록 하라『바가바드기타16.24』.""너희가 나를 사랑하면 나의 계명을 지키리라."(요.14:15)

(2) '마나남': 이는 자신의 삶과 욕구에 비추어 말씀을 숙고하는 것을 가리킵니다. 최종적이며 가장 중요한 세 번째 단계의 바로 앞 단계이며, 그리스도교에서는 성경 말씀에 대한 명상과 관련하여 흔히 간과되는 단계이기도 합니다.

---

4) Vandana, 『Waters of Fire』, Madras, CLS, 1980. 『요한복음』을 『베단타』에 비추어 해설한 책.

(3) '니디댜사남': 이는 숙고된 진리가 그 진리를 깨달았던 마음으로부터 그 진리에 의해 감명을 받은 가슴으로 침묵 속에서 이전 되는 과정을 가리킵니다. 십자가의 성 요한St. John of the Cross이 말했듯이, 침묵의 하나님으로부터 나온 한 마디 말씀은 우리를 그 침묵으로 되돌아가게 만듭니다. 그리고 우리는 우리를 침묵 속으로 침잠시킬 수 있는 그 말씀을 오로지 침묵 속에서만 들을 수 있습니다. 오로지 진리 안에서 하나님을 아는 사람만이 그 분과 하나가 될 수 있습니다. 그리고 사랑이 넘치는 침묵 속에서 깨닫게 된 말씀이 아니고서는 우리를 성화聖化시킬 수 없습니다. 이는 동양의 그리스도인이 자신 있게 주장할 수 있었던 신학적 명제입니다. 이처럼 침묵 속에서 깨닫게 된 말씀은, 우리를 이분법적인 환상의 세계로부터 진리 안에서 하나가 되는 '합일'의 세계로 옮겨 줍니다. 그리고 어디서든 하나님을 볼 수 있을 때, 우리는 모든 족쇄로부터 완전히 자유롭게 될 수 있습니다.

바티칸 제2공회가 '비성경적인 경전들'이라고 부르는 그 경전 속의 '말씀의 씨앗들'로부터 우리가 배울 수 있는 바는 실로 무궁무진하다고 할 수 있습니다. 오늘날 선견지명을 지닌 일부 신학자들이 예상하듯이, 우리가 그것들을 더 이상 '씨앗들'이라고 부르지 않고 '하나님의 말씀'이라고 부를 날이 반드시 올 것입니다. 왜냐하면, 하나님께서는 비록 시대와 방법은 다르다고 할지라도 오로지 한 말씀만을 하셨기 때문입니다. 우리에게는 아직도 그 말씀을 들을 줄 아는 귀가 없을지도 모릅니다. 하지만 인도처럼 종교적으로 다원화된 나라에서 신학을 공부하다보면 끊임없는 도전에 직면할 수밖에 없습니다. 만약에 우리가 그리스도 안에 뿌리를 내리고 있다면, 그것은 흥분에

찬 모험이자 놀랍도록 넓은 세계로의 여행이며 마음속 깊은 곳에 있는 동굴을 탐험하는 것과도 같은 일일 것입니다. 물론, 거기에는 위험이 따를 것입니다. 하지만 그 위험을 감수 할 용기를 가진 사람이라면, 이미 우리의 주님처럼 갈보리 산위에서 고난을 받고 영광 속에서 영원한 생명에 이르는 다리를 건넌 것이나 다를 바 없습니다.5)

'박티 요가', 이는 대부분의 인도인들이 따르고 있는, 사랑으로 가득 찬 '헌신의 길'을 뜻합니다. 이러한 삶의 자세는 당연히 우리의 삶 구석구석에 스며들어야 합니다. 산스크리트어 송가<sup>슈로카</sup>들은 힌두 경전들에서 비롯되었고, 헌신을 다짐하는 노래<sup>바잔</sup>들은 위대한 시인이자 성자인 '박타'들이 지은 것입니다. 마치 우리의 그리스도교 신비주의자들이 예수님을 '불이시요 노래이시며 꿀이 신' 분으로 느꼈던 것처럼, 그 노래들은 우리의 영혼을 불붙이기에 충분합니다. 사랑과 지식의 문제에 관하여 『바가바드기타』는 이렇게 말하고 있습니다. "사랑 없이는 '나'를 볼 수도 알 수도 없고, '나'에게로 나아올 수도 없다." 이런 종류의 말들은 신학적으로 완전히 그리스도교적인 경우도 있고, 그 정신이 그리스도교적인 경우도 있습니다. 하지만 송가나 경전 구절을 선택함에 있어서는 예배 의식에 어떤 사람들이 참석하고 있느냐에 대해 상당한 분별력과 지혜가 필요합니다.

힌두교의 각종 축제에 참석하거나 그것들을 우리의 삶과 조화시키는 일은, 종교 간의 대화에 있어서 서로의 사랑과 믿음을 나눌 수 있는 또 하나의 방법이 될 수 있습니다. 우리는 인도인들의 '빛의 축제'<sup>디파발리</sup>나 계절의 축제<sup>락샤 - 반단</sup> 또는 간디의 생일 같은 국경일을 우리의 기도문 내용에 포함시키곤 합니다. 이 모든 일들은 이웃종교를 신봉

---

5) Swami Abhishiktananda, 『Montee au fond du coeur-his Intimate Journal』, Paris, Oieul, 1986.

하는 벗들과의 우정은 물론이려니와 하나님을 향한 '박티'<sup>현신의 길</sup>에 큰 도움이 됩니다.

'아라티', 이는 존경받을 만한 사람이나 그 사람의 상<sup>像</sup> 앞에서 등불을 흔드는 의식으로서, 찬양과 경배의 한 형식입니다. 우리는 우선 축복받은 성례전에 임하신 주님께, 다음에는 말씀<sup>성경</sup>과 성모와 성자들에게 차례로 이 의식을 행합니다. 그리고 '진정한 임재'가 함께하는 모든 사람에게<sup>이는 우리만의 독특한 의식입니다</sup>, 마지막으로는 "산 중의 산, 나는 히말라야니라"라는 『바가바드기타』의 문구를 머릿속에 떠 올리며 산의 주님께 이 의식을 행합니다.

끝으로, 우리는 '세상의 빛'이신 예수께서 우리도 '세상의 빛'이라고 하신 까닭에 대하여 묵상합니다. 이 때 우리는 불꽃에서 발산되는 빛을 우리의 눈과 마음속에 받아들이면서, 우리 자신이 다른 사람들에게 저 빛과 같은 존재가 되리라고 다짐합니다. 장뇌<sup>우리 자신을 완전히 불태워 재조차 남기지 않겠다는, 완전한 헌신의 상징</sup>의 불빛이 여전히 깜빡이는 동안, 우리는 바로 이 순간에도 생사의 갈림길에서 고통 받는 사람들에게 용기와 확신을 주시기를 주님께 기도합니다. 그리고 불꽃이 우리 눈앞에서 꺼져 갈 때, 우리는 방금 육신을 떠난 영혼들의 안식을 기원하며 '장송곡' 가사를 암송합니다.

'구루 파드-푸자.' 이는 목요일<sup>'구루바르', '구루들의 날'이라는 뜻</sup>마다 여러 아쉬람에서 행하여지는 의식이며, 이 때 사람들은 스승에 대한 사랑의 헌신<sup>'구루-박티'</sup>을 극적으로 표현하곤 합니다. 이 의식은 우리 아쉬람에서도 행해지고 있습니다. 하지만 참석자들이 스승이나 아쉬람 지도자의 발을 씻기는 대신, 예수께서 세상적인 가치관을 어떻게 전도시키셨는지를 기록한 『요한복음』 13장 1-17절을 읽고 나서, 스승이나 아쉬람 지도자가 참석자 모두의 발을 차례로 씻겨준 다음 그들을 축복해 주는 것이 보통의 경우와 다른 점입니다. 이처럼 감동적인 의식이 진행되는 광경을 지켜보면서, 우리는 각자가 맡은 일에 대한 자세가 진정으로 '헌신적' 인지 반성해 보곤 합니다.

'카르마 요가', 이는 자기 자신에 대한 집착을 완전히 벗어버린 상태에서 행하는 헌신적인 노동을 가리킵니다. 하루의 대부분을 차지하는 우리의 노동은 명상과는 구분되는, 그리고 명상을 방해 하는 것이 아니라, 우리를 하나님과 하나가 되게 해 주는 수단으로서 '요가'가 되어야 합니다. 앞에서 살펴본 바와 같이, 매주 행하여지는 '구루 파드 푸자'는 우리가 자신의 일에 대한 자세를 점검할 수 있는 좋은 기회가 됩니다. 우리가 하는 일은 아무 보상도 기대하지 않고 행하여지는 진정한 봉사이자, 다른 사람들의 유익을 위하여 창조적으로 행하여지는 우리의 내면 가장 깊숙한 곳으로부터 우러나오는 헌신이어야 합니다.

카르마 요가는 우리에게 일과 봉사의 차이점 뿐 만이 아니라, 명상이야말로 인간의 활동 가운데 가장 고귀한 것이라는 사실을 가르쳐 줍니다. 우리가 하는 일이 어떠한 종류의 것이든, 그것이 진정한 '요가'또는 '합일'의 수단가 되기 위해서는 오로지 주님만을 바라보는 가운데 이루어져야 합니다. 그러므로 힌두교의 영성수련이 이 '카르마 요가'를 그토록 강조해 온 것은 그리 놀라운 일이 못 됩니다. 그것은 다른 사다나영적인 수행 또는 노력들의 일차적인 전제조건이라고 할 수 있습니다.

'자파 요가'. 이는 모든 요가 중 가장 오랜 역사약 5,000년를 지닌 것으로, 일단 기도'만트라'의 뿌리가 내린 다음에는 우리로 하여금 쉬지 않고 기도할 수 있게, 심지어 잠자는 시간에도 계속되는 수행 방법입니다. 일반적으로 '반복'으로 번역되는 '자파'라는 말을, 파탄잘리는 좀 더 상세하게 정의내리고 있습니다. "자파란 '옴'즉 '하나님'이라는 말이 의미하는 바를 한 시도 끊임없이 의식하는 상태를 가리킨다." 그리스도인에게는 정교회의 '예수기도'가 널리 알려져 있을 것입니다. 하지만 저는, 인도인들이 행하는 '자파 요가'의 특별한 수행 방법이 우리에게 커다란 도움이 된다는 사실을 알게 되었습니다. 그 중에 하나가 '리키 트 자파', 곧 날마다 행하는 사다나'의 일부로, 정신을 집중하여 '절대자'의 이름을 정성스럽게 쓰고 또 쓰고 하는 수행 방법입니다.[6] 이를 행하는 사람은 며칠 동안, 또는 몇 주 동안 침묵을 지키거나, 금식을 하면서 오로지 '절대자'만을 생각하려고 노력합니다. 우리는 세계 평화를 위해 기도하기 전에 마음을 갈아 앉힐 목적으로, 정오 예배 시간에 '자파 요가'를 행하곤 합니다. 저의 경우에는 이 방법이 내적인 깨달음에 커다란 도움이 되었습니다.

'하타 요가', 이는 모든 요가 중 가장 짧은 역사주후 12세기 이후를 지니고 있음에도 불구하고 가장 널리 알려져 있는 수행 방법입니다.[7] 오늘날 동·서양을 막론하고 많은 사람들의 오해의 대상이 되고 있는 이 요가는, 우리가 날마다 행하는 영성수련 방법들 가운데 하나입니다. '아사나' asana, 몸의 자세坐法와 '프라나야마' pranayama, 호흡조절調息는 매우 훌륭한 기도의 한 형태일 뿐더러, 우리 몸의 건강을 유지하거나 명상에 앞서

6) Vandana, 『Nama-Japa』, Bharatiya Vidya Bhavan, Bombay.
7) 매우 아름다운 기도문 몇 가지를 소개하자면 다음과 같다. "모든 사람의 친구이신 분(태양처럼 모든 피조물에 대하여 차별을 두지 않으시는 분)께 대한 경배," "찬란한 빛을 발하시는 분께 대한 경배," "우리를 미혹의 어두움에서 건져 내 주시는 분께 대한 경배," "우리에게 활력을 불어 넣어 주시는 분께 대한 경배" 등.

정신을 집중하기 위한 효과적인 수단이 라고 할 수 있습니다. "온 몸으로 주님께 예배드립니다."

우리는 '수리야 나마스카르'<sup>태양에 대한 경배</sup>를 행할 때마다, 열두 가지 동작을 취하면서 기도문 한 가지씩을 암송하곤 합니다. 하지만 때로는 이 방법에 익숙지 못한 그리스도인을 위해서 『시편』 구절들을 암송할 경우도 있습니다.

"여호와 앞에 잠잠하고 참아 기다리라"<sup>(시 37:7)</sup>

"나의 하나님이여, 내가 주의 뜻 행하기를 즐기오니...."<sup>(시 40:8)</sup>

"여호와 내 하나님이 내 흑암을 밝히시리이다"<sup>(시 18:28)</sup> 등.

한편, 파탄잘리는 우리의 몸을 건강하고 유연하며 순결하게 해주는 실제적인 '운동'이라는 의미와는 별도로, 아사나가 우리의 영성 생활에 어떠한 도움을 줄 수 있는지에 관하여 상세한 설명을 하고 있습니다. 그는 '아사나'를, 노력할 생각을 완전히 버림으로써, '무한한 휴식 상태'를 통해서 이루어지는 지극히 평온한 몸의 자세라고 정의 내리고 있습니다. 이 같은 생각은 심지어 기도하는 중에도 성취 지향적이고 경쟁적인 기질을 발휘하기 쉬운 서구인들에게는 받아들여지기 어려울 것입니다. 몸이 일정한 자세를 취할 때 마음은 '무한한 휴식 상태'<sup>아난땀</sup>에 머물게 되며, '아사나'는 '드반드바'<sup>열과 냉기, 기쁨과 고통 등 서로 대립 되는 개념</sup>에 의해서 전혀 영향을 받지 않는 상태를 초래합니다. 이와 같은 상태에서는 내적인 속박은 물론이려니와 외적인 억압으로부터도 완전히 자유로워 질수 있으며, 우리 영혼의 성령의 부르심에 대한 응답도 훨씬 더 민감하게 됩니다. 그래서 "이는 내 몸 이다"라든가, 우리 몸이 '성령의 전<sup>殿</sup>'이라는 말씀이 지닌 심오한 의미를 몸으로 체험해 나가게 됩니다. 이는 단지 신학적으로만 – 머리로만 – 알고 있는 것과는 거리가 멉니다.

'아사나'의 이로운 점은 오로지 육체에만 국한되지 않습니다. 이 수행 방법은 우리의 마음과 영혼에도 자연스럽게 영향을 미칩니다. 예를 들어, '타다사나'산과 같은 자세라는 단순한 자세를 취함으로써 그리스도의 흔들림 없는 사랑의 터에 뿌리를 내린다는 것이 과연 무엇을 뜻하는지를 경험적으로 깨닫게 될 뿐더러, 외부의 압력이 폭풍우처럼 몰아치더라도 쉽게 흔들리지 않고 산처럼 꿋꿋이 서 있을 수 있게 됩니다. '아사나'를 성실하게, 그리고 기도하는 마음으로 꾸준히 행하는 사람은 매순간 한 가지 행동또는 동작을 우아하게 취할 줄 알게 됩니다. 더구나 이 수행 방법은 지금 여기서 현재의 순간에 완전히 의식을 집중하는 불교적인 수행에도 많은 도움이 됩니다.

'프라나야마'pranayama, 調息. 이는 '하타 요가'의 또 다른 구성요소로서 호흡을 위주로 한 수행 방법입니다. 호흡을 조절하는또는 매 순간의 호흡을 의식하는 행위는 혼란한 마음을 가라앉히고 들끓어 오르는 감정을 위무하여 형평을 되찾아 줍니다. '아사나'가 명상을 위해 우리의 육체를 평온케 하는 방법이라면, '프라나야마'는 우리의 마음을 술 취한 원숭이 같은 상태에서 벗어나 한 곳에 집중케 하는 방법이라고 할 수 있습니다.

이 요가의 다음 단계는 '프라티야하라'pratyahara, 감각의 제어制慾입니다. 이는 우리의 내면 가장 깊숙한 곳에 있는 진정한 자아에 대한 인식을 흐트러뜨리기 쉬운 외적인 사물들로부터 감각을 제어하는 훈련입니다. 하지만 마음의 침묵을 체득하기까지에는 꾸준하고도 진지한 노력이 필요합니다. 이 문제와 관련하여 세라핌Seraphim은 다음과 같이 말했습니다. "마음의 침묵을 체득한 사람은 수 천 명의 사람들에게 구원의 빛을 비출 수 있다." 우리는 힌두교의 '마우나''절대자'에게 마음을 집중한 상태에서 침묵을 지키는 수행 방법 관행을 받아들여, 매주 금요일을 침묵의 날로 정해 놓았습니다. 한편, 금식은 '몸의 침묵'에 도움이 될 뿐더러 '마음의 침묵'에 깊이를 더해 주는 역할을 합니다.

점차로 저는 집중력'다라나dharana'集中을 향상시키기 시작했으며, 다행스럽게도 이제는 조금씩 명상'디야나dhyana'禪定의 맛을 느낄 수 있게 되었습니다. 스와미 시바난다는 명상을 하나님에 대한 의식이 잠시도 끊이지 않는 상태로 정의내리고 있습니다. 이러한 상태는 '위대한 요기'이신 그리스도께서 "누구든지 목마르거든 내게로 와서 마시라. 나를 믿는 자는... 그 배에서 생수의 강이 흘러나리라"(요7:37-38)고 약속하신 '살아있는 여울'‘지반 다라’ 바로 그것입니다. 요한은 우리에게 이렇게 말하고 있습니다. "이는 그를 믿는 자가 받을 성령을 가리켜 말씀하신 것이라"(요7:39)

저는 이웃종교를 신봉하는 형제들에게 실로 너무나도 많은 것들을 빚지고 있습니다. 그들은 제가 우리의 마음속에 계신 그분과 하나가 된다는 것이 과연 무엇인지를 점차로 깨달아 가는 과정에서 매우 훌륭한 동반자가 되어 주었습니다.

# 내면의 자각과 깨달음

스와미 아말다스<sup>Swami Amaldas</sup>

인도의 케랄라 출신 그리스도인 스와미 아말다스도 비슷한 내용의 영적인 탐색과 융합 과정을 이야기하고 있다. 그는 여러 해 동안 음식을 구걸하고 산 속에서 명상을 하면서 수도사 생활을 했다. 마침내 그는 두 명의 프랑스신부 스와미 아비식타난다'그리스도의 지복(至福)'이라는 뜻라는 이름으로 널리 알려져 있는 앙리 르 소오<sup>Henri Le Saux</sup>와, 파라마 아루비 아난다'성령의 지복'이라는 뜻라는 이름으로 개명한 쥴 몽샤닌<sup>Jules Monchanin</sup>에 의해 샨티바남에 세워진 아쉬람 공동체의 일원이 되었다. 오늘날 스와미 아말다스는 인도 중부 마디야 프라데쉬에 있는 사키다난다 아쉬람<sup>힌두교와 그리스도교의 종교간 대화를 목표로 설립된 공동</sup>체에서 지내고 있다. 이 아쉬람은 삶의 양식과 예배 의식에 있어서 힌두교적인 종교 관행을 많이 받아들였다.

제2차 바티칸 공의회는 '그리스도교 이외의 종교들에 대한 교회의 관계'라는 선언문에서, 교회는 이들 종교가 지닌 진실하고 거룩한 내용을 결코 배척하지 않는다고 선언했을 뿐더러, 이들 종교에서 발견되는 사회적·문화적 가치들은 물론이려니와 영적·도덕적 가치들까지도 인정하고 보존하며 증진시키는 일에 협력하도록 가톨릭교회에 촉구하였습니다. 이와 같은 상황에서 인도 가톨릭교회의 관계자들이 대부분 참석한 가운데 1969년에 열린 전全인도 세미나All-India Seminar에서는 인도의 종교 전통에 포함된 풍성한 진·선·미가 고대로부터 하나님이 인도인들에게 내려 주신 선물이라고 묘사되었습니다. 이 세미나에서는 그리스도교 신학을 인도의 영적 전통이라는 살아 숨쉬는 상황 속에서 숙고하며 실천해 나갈 필요성과, 예배 의식을 인도의 문화 전통에 좀 더 밀접하게 접목시킬 필요성이 대두되었습니다. 특히 이 모임에서는 교회의 고귀한 전통과 인도의 영적인 유산이 결합된 형태의 수도 생활을 확립할 필요성이 활발하게 논의되었습니다.

인도가 하나님에게서 받은 가장 큰 선물은, 모든 인간의 가슴속에 계시는 하나님에 대한 자각 – 내면의 자각 – 입니다. 이와 같은 자각은 기도와 명상뿐만이 아니라 명상적인 침묵과 요가나 산야사의 수행을 통해서도 이루어질 수 있습니다. 그러므로 우리 아쉬람은 전全인도 세미나의 지침에 의거하여 우리 그리스도인의 삶에 인도인의 풍성한 영성을 접목시키는 일과, 『베다』에서 비롯되어 『우파니샤드』와 『바가바드기타』에서 꽃을 활짝 피운, 그리고 여러 요가 수행자와 현인들을 통해 오늘날의 우리에게까지 전수된 저 심오한 신神 체험에 참여하는 일을 목표로 하고 있습니다. 우리는 신실한 그리스도인의 삶 속에서 이루어진 이와 같은 신神 체험으로부터, 진정으로 인도적인 그리스도교의 예배 의식과 신학과 영성이 발전되어 나오기를 희망합니다.

성<sup>聖</sup> 삼위<sup>三位</sup>의 아쉬람인 샨티바람의 '사치타난다' 아쉬람은 1950년 두 사람의 프랑스 신부에 의해서 설립되었습니다. 그들은 각자 인도 이름으로 개명하였고, 그리스도교의 성 삼위를 상징하는 '사치타난다'<sup>존재sat - 의식cit - 환희ananda</sup>라는 이름을 자신들의 아쉬람에 부여하였습니다. 이는 제2차 바티칸 공의회와 전<sup>全</sup>인도 세미나의 지침들을 염두에 두고, 고대로부터 인도인들의 수도 생활을 고취시켰던 절대자에 대한 추구와 그리스도교적인 수행이 결코 다른 것이 아님을 나타내기 위함이었습니다. 그들은 또한 그와 같은 추구를, 성 삼위의 신비로서 그리스도 안에 계시는 하나님에 대한 자신들의 체험에 관련시키려고 했습니다. 하지만 불행하게도 몽샤닌 신부는 이 아쉬람이 온전하게 뿌리를 내리기 전인 1957년에 세상을 떠났고, 몇 년 후 스와미 아비식타난다는 히말라야 산중에 들어가 은둔 생활을 하다가 1973년에 세상을 떠났습니다.

1968년 스와미 아비식타난다가 아쉬람을 떠나자, 케랄라의 쿠리수말라 아쉬람에서 온 수도사들이 베데 그리피스<sup>Bede Griffiths</sup> 신부의 지도력 아래 이 아쉬람을 떠맡게 됩니다. 그리고 1980년 이후로는 사치타난다 아쉬람이 베네딕트 종단의 일부로서 명맥을 이어오고 있습니다. 영국 출신으로 베네딕트 종단 소속 수도사였던 베데 그리피스 신부는 1955년에 인도에 왔습니다. 유럽 베네딕트 종단의 전통 속에서 자라난 그가 인도에 와서 맨 처음 하고자 했던 일은 영국에서와 똑같은 방식으로 운영되는 수도원을 설립하는 것이었습니다. 아마도 그는 그리이스-로마적인 색채를 띤 그리스도교 생활양식을 염두에 두었을 것입니다. 실제로, 그는 인도의 수도사와 함께 벵갈로어에 이러한 종류의 수도원을 설립했습니다. 하지만 불과 몇 년이 못 되어 자신의 그릇된 판단을 깨닫게 된 그는 그 수도원을 폐쇄해 버렸습니다. 그 후 힌두교와 인도 문화, 그리고 인도인들의 소박한 생활양식에 점차로 눈이 뜨이게 된 그는 인도에서의 그리스도교적인 수도원 생활에 대하여 새로운 시각을 갖게 되었습니다. 그는 곧 그리스도교의 수도원 영성과 생활양식이 힌두교의 그것에 융합되어야 하고, 그리스도교가 인도의 토양에 뿌리를 내려야 하며, 그 자신이 우선 거듭나야만 한다는 확신을 갖게 되었습니다.

1958년 그리피스 신부는 벨기에의 어느 시토 수도원에서 인도로 온 프란시스 아차리아Frances Acharya 신부와 손잡게 됩니다. 그들은 시리아 말랑카라 교회의 교구에 속한 케랄라에서 쿠리수말라 아쉬람이라는 명상 수도원을 설립했습니다. 그리고 기도나 식사를 할 때 바닥에 앉아서 하고, 인도의 수행자들처럼 황색 가운을 걸치는 등 힌두 아쉬람의 관행을 받아들이기 시작했습니다. 그 이후로 쿠리수말라 아쉬람은 기초가 튼튼하게 잡힌 공동체로서 오늘날까지 꾸준한 성장을 계속해 오고 있습니다. 케랄라의 전통적인 시리아 가톨릭 가족 출신인 저는 1967년에 이 공동체에 합류했습니다.

그리고 1971년에는 베데 그리피스 신부와 샨티바남의 사치타난다 아쉬람에서 재회하여, 1986년에 인도 중부 힌두교가 지배적인 지역에 새로운 아쉬람을 설립했습니다. 이 때 우리는 자발푸르의 가톨릭 주교에게서 약간의 토지를 제공받았습니다. 최근까지 이 아쉬람을 이끌어 왔던 노버틴Norbertine 신부는 현재 은퇴하여 갠지스 강가 베나레스에서 은둔 생활로 일생을 마치고자 하고 있습니다. 제가 이 아쉬람에 온 목적은 공동체적인 기반을 더욱 확고하게 다져 나가기 위함이었습니다. 따라서 저는 이 아쉬람을 우리의 이웃인 힌두교도들의 청빈하고 소박한 삶을 배경으로, 명상과 요가와 종교 간의 대화를 위한 장場으로 계발코자 합니다. 이 아쉬람 역시 '사치타난다'로 불리고 있습니다.

우리는 독실한 브라민들이 하루에 세 번씩 낭송하곤 하는 '가야트리 만트라'로 공동 기도 모임을 시작하곤 합니다.

> 땅과 하늘과 그 너머에 계신 '말씀'께 경배를 드립니다.
> 우리 모두에게 생명을 주신 신의 영광스러운 광채를 명상합시다. 그분께서 우리의 명상에 빛을 비춰 주시기를 기원합니다.

우리는 저녁 기도 시간마다 산스크리트어로 '사치타난다'<sup>기독교로 삼위 일</sup><sup>체 하나님에 해당</sup>를 찬양하는 노래를 부르곤 합니다. 이 노래는 인도에서 최초로 크리스찬 산야신이 된 스와미 브라마 반답 우파디아야가 작곡한 것입니다. 우리가 기도 시간에 사용하는 찬송가와 기도문들은 타밀과 힌두 기도문, 『시편』을 비롯한 성경 본문들은 물론이려니와 『베다』, 『우파니샤드』, 『바가바드기타』 등에서 발췌된 것들입니다. 그리고 바잔<sup>송영</sup> 시간에는 드럼과 심벌에 맞추어 산스크리트어 등 인도어로 된 노래를 부르곤 합니다.

우리는 그리스도교적인 기도와 예배를 인도의 전통과 관습에 적응시키기 위해 인도 전통에서 생겨난 다양한 상징들을 사용합니다. 아침 기도 시간에 사용되는 백단향은 가장 고귀한 나무이자 신성<sup>神性</sup>의 상징으로 간주됩니다. 그리고 매우 감미로운 향기가 있기 때문에 신의 은총의 상징으로 간주되기도 합니다. 우리는 우리의 공동체와 그 구성원 각자를 하나님께 바친다는 뜻으로 그 나무 조각을 머리와 손 위에 얹고 기도하곤 합니다.

이어서 정오기도 시간에는 '쿰쿰'이라 불리는 자색 가루가 사용됩니다. 우리는 제3의 눈 ─지혜의 눈─ 을 상징하는 이 가루를 두 눈

썸 사이에 바르곤 합니다. 우리의 두 눈은 외부 세계와 자아의 외면을 관찰하는 반면, 제3의 눈은 우리 내면의 빛을 감지하는 내적인 눈입니다. 복음서는 우리에게, "네 눈이 성하면 온 몸이 밝을 것"<sup>(마 6:22)</sup>이라고 가르치고 있습니다. 이 눈이 바로 헬라 풍<sup>風</sup>의 그리스도 초상에서 자주 발견되는 우주적 상징으로서의 제3의 눈입니다. 인도에서는 붉은 색이 여성적 색깔로, 즉 어머니 여신의 상징으로 간주됩니다. 우리는 그 색깔을 여성적 지혜의 상징으로 간주하여, 우리의 성모 마리아에게 적용합니다. 우리의 정오기도는 지혜의 『시편』<sup>(시 118편)</sup>을 비롯하여 각종 지혜에 관련된 기도문을 낭송하는, 지혜를 위한 기도 모임입니다.

저녁 기도에서는 '비부티'<sup>재</sup>가 사용됩니다. 하지만 그것은 단순히 성회일<sup>聖灰日, 천주교에서 참회의 상징으로 머리에 재를 뿌리는 재의 수요일</sup>의 상징으로 사용되는 것만은 아닙니다. 재는 모든 불순물이 다 타서 없어진 물질입니다. 그것은 우리의 몸을 상징합니다. 우리의 몸은 마치 예수께서 당신 자신을 하나님께 희생 제물로 바치셨던 것처럼, 하나님께 희생 제물로 봉헌되어야 합니다. 재를 우리 이마에 바르는 것은 우리의 죄와 불순한 것들이 모두 타 없어졌음을 의미하는 정화<sup>淨化</sup>의 상징입니다.

우리의 몸과 마음과 영을 나타내는 이 같은 상징들을 사용함으로써 우리는 각자의 전 존재를 쏟아 부으며 기도할 수 있습니다. 기도 모임이 끝날 때마다 우리는 축복의 성례전에 앞서 아라티<sup>ārati, 꽃과 향과 노래를 주로 한 저녁예배</sup>를 행하곤 합니다. 존경과 예배의 표시로서 빛이나 소리나 향기로 구성된 이 아라티는 신성한 사람이나 사물 앞에서 행하여지는 의식입니다. 성전 깊숙한 곳에 있는 성소는 하나님이 우리 마음의 동굴 속 어두운 곳에 계심을 상징하기 위해서 언제나 캄캄한 상태를 유지합니다. 이윽고 성소 앞에서 불빛이 나부끼기 시작합니다. 그것

은 감추어진 하나님이 우리에게 모습을 드러내기 시작하심을 상징합
니다. 우리는 감추어진 그리스도를 드러내는 축복의 성례전에 앞서,
둥글게 둘러앉은 우리에게 차례로 돌려지는 횃불 위에 손을 내밀어
그리스도의 빛을 받아들입니다.

예배 중 봉헌 시간에는 물과 흙과 공기와 불의 네 가지 요소를 상
징하는 제물이 바쳐집니다. 힌두교 푸자에서는 피조물 전체를 봉헌
한다는 의미에서, 이 네 가지 요소가 반드시 포함되어야 합니다. 우
리는 먼저 제단을 정화하기 위해 제단 주위에 물을 뿌립니다. 그리고
사람들을 정화하기 위해 사람들에게 물을 뿌립니다. 다음에는 사제
가 자신의 내적인 존재를 정화하기 위해 물을 한 모금 마십니다. 이
어서 우리는 땅에서 난 과일들과 빵과 포도주를, 그리고 탈리제물들을 바치
는 곳 주변에 놓인 여덟 송이의 꽃을 바칩니다. 산스크리트어 송가가
울려 퍼지는 가운데 봉헌되는 이 꽃들은 우주의 여덟 방향을 나타내
며, 이 예배가 우주의 중심에서 드려짐으로써 모든 피조물에게 덕이
되었음을 상징합니다. 그런 다음 우리는 공기를 나타내는 향香에 이
어서 불을 나타내는 장뇌로 아라티를 행합니다. 이렇게 해서, 우리의
예배는 온 인류와 함께 모든 피조물이 참여하는 우주적 희생제사로
서 그리스도를 통해 하나님께 바쳐지게 됩니다.

우리의 아쉬람은 힌두교인들과 그리스도인, 그리고 진정으로 종교
인이건 아니건 간에 하나님을 찾는 모든 사람들이 만남의 장소가 되
고자 합니다. 이곳에는 휴양과 명상, 그리고 종교적인 대화와 토론을
원하는 사람이라면 누구나 머물 수 있는 시설이 갖추어져 있습니다.
그리고 성경과 그리스도교 신학에 관한 책들뿐만이 아니라 불교·힌
두교 등 여러 종교들에 관한 책들을 골고루 갖춘 도서관도 있습니다.
인도와 세계 곳곳에서 우리를 찾아오는 사람들은 제각기 다른 종교

전통을 통해서 하나님을 찾고 있습니다. 우리 아쉬람은 누구나 찾아
와서 공부와 명상에 전념할 수 있는 영적인 수련장 역할을 하고 있습
니다.

　우리 아쉬람은 인근 마을 사람들을 돕는 일에도 많은 관심을 쏟고
있습니다. 한 마을에서는 우리가 설립한 유아원에서 날마다 40~50
명의 어린이들이 보살핌을 받고 있고, 또 한 마을에서는 우리가 설립
한 방직공장 두 곳에서 60여명의 소녀들이 일하고 있습니다. 우리
아쉬람의 재정은 농사 및 독지가들의 기부금에 의해 거의 자립 상태
에 있습니다. 하지만 우리의 주된 목적은 어디까지나 하나님에 대한
지식이 자라게끔 사람들을 돕는 데 있습니다.

　이곳에서는 그리스도교적인 요가 영성이 얼마든지 계발될 수 있습
니다. 요가라는 말의 어원인 산스크리트어 '유즈yuj'는, 원래 '묶다' 또는
'멍에를 함께 메다'라는 의미의 말입니다. 그러므로 요가는 합일合一,
즉 자신 안에서의 남성과 여성의 합일, 자신 안에서의 신성과 인성
의 합일, 그리고 나와 자기 자신과의 합일을 뜻합니다. 그것은 자기
자신 안에서 육과 혼과 영이 하나가 되는 것을 뜻합니다. 그뿐 아니
라 인간과 인간 사이, 또는 인간과 다른 피조물 사이의 합일을 의미
합니다. 하지만 무엇보다도 인간과 하나님 사이의 합일이 요가라는
말이 지닌 가장 중요한 의미입니다. 우리가 이처럼 조화된 의식- 요
가 의식 - 을 키워 나감에 있어서, 고대 인도에서 계발된 요가 체계
는 육체적·정신적·영적으로 균형 잡힌 하나의 체계적인 방법이 되고
있습니다.

# 미지의 존재와 함께하는 순례의 길

베티나 보이머<sup>Bettina Baumer</sup>

일부 참석자들은 이웃종교의 영성 수행 기법이나 종교 관행을 '수용한다'거나, '원용한다'거나, '사용한다'는 개념에 대하여 거부감을 나타내었다. 그런 사람들은 자신들의 순례를 모든 이름과 형태를 초월하는 영성에 참여하기 위하여 개별 종교의 한계들을 극복해 나가는 과정으로 이해하였다. 베티나 보이머는 이웃종교의 종교 관행들을 원용함에 있어서 가장 큰 문제점으로, 영성 생활이 통전적<sup>統全的</sup>인 특성을 지니고 있음에도 불구하고, 그러한 특성을 삶 자체로부터 분리시키려는 시도를 할 때가 많다는 점을 지적한다.

영적인 차원에서의 대화가 오로지 말로만 이루어질 수는 없을 것입니다. 하지만 이웃종교 전통과의 만남을 통해 살아 있는 영성에 참여하게 되는 순간, 우리는 종교 간의 대화가 영성의 흐름에 커다란 돌파구를 마련해 줄 수 있음을 알게 될 것입니다. 비록 어떤 사람의 삶을 영적으로 충만하게 하는 방법은 다양할지라도, '영靈'이라는 말이 복수로 표현될 수는 없습니다. 어떠한 종파에 속한 영성이건, 그것이 올바른 것일진대 진실한 대화의 살아 있는 통로가 될 수밖에 없습니다. 어차피 한 영 안에서 이루어지는 대화의 통로이기 때문입니다.

하지만 이것이 방법이나 전통의 무질서한 혼동을 뜻하지는 않습니다. 깊고 깊은 차원에서는 결국 하나가 되기 때문입니다. 마치 잔잔한 수면에 던져진 돌멩이 하나가 무수한 동심원들을 만들어 내듯이, 심오한 영적 체험이 종교의 외적 차원에서 다양한 반향을 불러일으키는 것은 오히려 당연한 일이라 하겠습니다. 심지어 같은 종교 안에서도 이와 같은 현상이 비일비재하게 일어납니다. 그리스도교를 예로 들자면, 성자나 신비주의자가 물 속 깊숙이 던진 돌멩이 하나가 수면 위에 폭발을 일으킬 수도 있습니다. 그런데 하물며 이웃종교와의 만남을 통해 그와 같은 일이 일어날 때에야 상황이 오죽하겠습니까!

두 종교 사이에서 이와 같은 체험을 가장 깊이 있게 한 사람으로 알려져 있는 스와미 아비식타난다는 그의 생애가 끝나 갈 무렵 그와 같은 폭발에 관하여 이야기한 적이 있습니다. 그의 체험에 의해 생겨난 동심원들 가운데 외곽의 것들은 아직도 그 모습이나 교회에 대한 영향이 분명하게 파악되지 않고 있습니다. 교회를 포함한 종교 단체들은 그와 같은 체험을 안전한 거리에서 관망하면서 평상시와 같이 지내는 편이, 그것에 대하여 심각하게 생각하고 그 성과들을 수용하는 것보다 훨씬 더 편안하게 느껴질 것입니다.

만일 저에게 24년 동안 인도 - 주로 힌두교 -의 영성과 밀접한 관계 속에서 지내 왔던 저의 삶에 관하여 말하라고 한다면, 다음과 같은 몇 가지 중요하다고 생각되는 점들을 지적하고 싶습니다.

이웃종교의 영성에 대한 저의 태도는, 힌두교나 불교의 영성이 지닌 영적인 가치들을 그리스도교의 영성에 융합시키려고 시도했던 선배들이나 스승들의 태도와 마찬가지로 지극히 개방적이었습니다. 저는 그리스도인으로서 저 자신의 영성 생활을 위해서 인도의 영성을 배우려고 했고, 또한 그것으로부터 영감을 받을 마음의 태세를 어느 정도 갖추고 있었습니다. 하지만 이웃종교의 영성 세계로 진입해 들어가는데 따르는 문제점들에 대한 인식이 부족했습니다. 저는 그리스도교 신앙 안에 굳게 서 있다고 느꼈고, 인도에서 저의 영성 생활을 좀 더 깊이 있고 풍요롭게 하겠다는 생각을 하고 있었습니다. 여기서 '인도'는 지리적인 개념이 아니라, 힌두교가 압도적인 위치를 차지하는 하나의 살아 있는 영적 전통을 의미하는 말입니다. 오늘날에도 저는 선량한 동료 그리스도인에게서 이와 같은 태도를 느낄 때가 많습니다. 하지만 이는 마치 몸에 물을 적시지도 않고 강에서 목욕하려고 하는 사람의 경우와 조금도 다를 바가 없습니다.

아마도 여러분은 여기서, 제가 이와 같은 종교 간의 대화에 몰입될 만큼 힌두교의 영성에 매료된 까닭이 과연 무엇이었느냐는 의문이 생길지도 모릅니다. 거기에 대하여는 여러 각도에서 – 심리학적·사회학적·신학적으로– 대답이 가능할 것입니다. 하지만 그 주된 이유는, 아무래도 제가 오늘날의 그리스도교의 영성수련 방법에 만족하지 못했기 때문이라고 밖에 말씀드릴 수가 없습니다. 저는 이미 그리스도교의 신비적인 차원을 발견하기는 했습니다. 하지만 그와 같은 차원이 너무나도 무거운 제도적<sup>법적</sup> · 신학적<sup>정신적</sup> 구조에 의해 억눌린 나머지 거의 질식된 상태에 있다는 느낌을 버릴 수 없었습니다. 저는 좀 더 완벽한 영적인 성장에 필요한 영적인 호흡을 힌두교의 영성에서 발견할 수 있었습니다.

저는 이웃종교의 종교 관행들을 원용하는 일이 이웃종교에 대한 정직성과 상충될 수도 있다는 사실을 깨닫게 되었습니다. 그 누구도 자신의 종교를 살찌우기 위해서 이웃종교의 아름다운 체험이나 가르침이나 관행들을 마음대로 이용할 권리는 없을 것이기 때문입니다. 그리스도인의 이 같은 태도가 힌두교와 불교 신자들로 하여금 일종의 영적인 도둑질을 당했다는 생각을 품게 만든 것은 오히려 당연한 일이었다고 하겠습니다. 예배의 전체적인 의미를 이해하지도 못한 채 예배 의식을 제대로 바라보겠습니까? 만약에 우리가 어떤 다른 종교에 대하여 진지한 자세로 접근하려고 한다면, 그 종교의 전제조건들 역시 진지한 자세로 받아들일 줄 알아야 할 것입니다. 힌두교의 경우에는 그러한 전제조건들 가운데 하나가 소위 '구루파람파라'라는 것입니다. 이는 스승으로부터 제자에게 '아디카라'<sup>어떤 영적인 수행 방법을 사용할 수 있는 권리</sup>와 능력이 전달될 수 있는 유일한 통로입니다.

이웃종교의 관행들을 원용하는 일이 만족스럽지 않게 보이는 또 하나의 이유는, 영성 생활이 통전적<sup>統全的</sup> 특성을 지니고 있음에도 불구하고, 그와 같은 특성들을 삶 자체로부터 분리시킨 채로 원용을 시도할 때가 많기 때문입니다. 저는 힌두교로부터 명상하는 방법을 배웠노라고 쉽게 이야기할 수도 있었을 것입니다. 하지만 실제로, 명상은 우리 자신과 다른 사람들과 자연과 하나님에 대한 우리의 체험<sup>우리의 인생 그 자체</sup>을 완전히 변화시킵니다. 명상은 힌두교나 불교적인 상황 속에서 생겨난 어떤 요가 방법이나 참선 방법이 아닙니다. 거기에서 파생되는 변화는 실로 엄청난 것입니다.

이와 같은 사실들을 인정할 경우에는 다음과 같은 의문이 그다지 크게 문제시되지는 않을 것입니다. 어떻게 우리가 한꺼번에 두 가지의 영적 전통에 속할 수 있겠는가? 정신분열증 환자나 부정직한 사람만이 그럴 수 있는 게 아닐까? 저는 오로지 하나님의 은총만을 의지하며 바로 이곳에 벌거숭이 몸으로 서 있습니다. 저에게 딱 들어맞는 어떤 선험적인 틀이란 있을 수 없습니다. 스와미 아비식타난다는 그리스도교와 힌두교의 전통에 모두 신실하면서, 비록 고통스럽기는 하지만 축복에 가득 찬 체험을 할 수 있었습니다. 그리고 결국에는 그 두 종교를 꿰뚫고 흐르는 영성의 강에서 무한한 자유를 발견할 수 있었습니다. 하지만 저는 그와 같은 선배들에게서 많은 용기를 얻었음에도 불구하고, 제가 가야 할 길을 혼자서 가야만 합니다. 오로지 그러한 체험만이 여러 영적 전통들 사이에 존재하는 해묵은 오해의 강에 다리를 놓을 수 있다는 것이 저의 확고한 신념입니다.

이와 같은 종류의 용광로에 뛰어든 사람에게 과연 어떤 일이 일어났겠습니까? 한편으로, 저의 그리스도교적인 신앙에서는 그 핵심적인 내용들만이 추려졌습니다. 결국, 신앙을 잃는 것이 두려운 사람은 신앙의 진정한 경지에 오르지 못했거나, 아니면 아직도 무언가 잃을 것이 있는 사람입니다. 그것은 마치 무거운 짐을 지고 험한 길을 따라서 높은 산에 오르는 것과도 같습니다. 처음에는 이 모든 짐이 없으면 큰일이 날 것처럼 생각될지 모릅니다. 하지 만 더 높은 곳에 오를수록, 그것이 단지 짐에 불과할 뿐 몸이 가벼울수록 그만큼 더 쉽게 정상에 도달할 수 있다는 사실을 깨닫게 될 것입니다.

첫째, 우리는 세상적인 것들은 물론이려니와 종교적인 것들도 과감하게 버릴 줄 알아야 합니다. 둘째, 진정한 포기란 진정한 가치까지도 포기하는 것이 아니라, 그 핵심을 꿰뚫었기 때문에 더 이상 외형적인 것들이 필요치 않은 상태를 말합니다. 비록 그렇게 보일지는 몰라도 어떤 의미에서는 제가 잃은 것이라고는 하나도 없습니다. 오

히려 전혀 예기치 못했던 상황 속에서, 종전보다 훨씬 더 심오한 그
리스도교적인 스승들이 제 마음속에 떠오르곤 합니다. 저는 종교적
의식에서나 스승과 제자의 관계에서, 그리고 영적인 체험이나 통찰
력에서 구체적인 실례들을 들 수 있습니다.

저는 참석자 전원이 그리스도와 아무런 접촉도 가질 수 없었던, 완
전히 힌두교적인 상황 속에서도 성령 충만을 체험한 적이 한두 번이
아닙니다. 그런 순간에는 영적인 실체의 임재 속에서 언어나 칭호가
완전히 무용지물이 되고 맙니다. 그리스도교의 교회들은 심지어 자
기네들끼리도 영적인 교류를 할 자세가 갖추어져 있지 않습니다. 하
지만 영적인 교류는 그리스도교라는 협소한 테두리를 벗어나, 이론
과 실천으로 종교적인 가치들을 진실하게 나눌 수 있는 차원에까지
나아가야 합니다. 실제로, 종교 간의 대화와 영적인 교류의 결과, 모
든 이름과 형식이 중요성을 잃는 대신 그것들이 가리키는 실체에 대
한 관심이 고조되었습니다. 이는 깨어 있는 의식 속에서 행하여지는
하나의 수행 과정입니다. 그와 같은 의식은 조만간 모든 이름과 형식
을 초월하여, 그것들 배후에 놓여 있는 것들을 꿰뚫는 경지에까지 나
아가게 됩니다. 이것이 바로 모든 종교가 지향하는 궁극의 목표가 아
니겠습니까?

어떻게 그리스도와 시바를 동시에 믿을 수 있느냐고 묻는 사람 이
있다면, 저는 그 사람에게 이렇게 되묻겠습니다. 그리스도는 누구이
며 시바는 누구입니까? 그리고 나는 도대체 누구입니까? 시바는 어
떤 사람의 이름도, 신화에 등장하는 인물도 아닙니다. 시바는 은혜로
운 분이시자 위대한 주님<sup>파람이쉬바라</sup>이시며, 궁극적인 실체<sup>아누타라</sup>이시자
모든 의식을 가진 존재들의 가장 친밀한 나 – 의식 I-conciousness입니다. 그
리스도는 단순히 역사적인 인물이 아닙니다. 만약에 그분이 그런 존

재라면, 제가 그분을 따를 까닭이 없습니다. 그분은 곧 길이요 생명이요 진리이십니다. 하지만 여기에 어떤 배타적인 의미가 포함된 것은 결코 아닙니다. 그분의 본질은 '나'가 아니라 '나는 ~ 이다'이기 때문입니다. 어떻게 '나는~이다'가 단 한 사람에 국한될 수 있겠습니까? 여기서 저는 라마나 마하르쉬에게서 모든 의식을 가진 존재들의 궁극적인 '나'는 신성한 '나'라는 사실을 배우고 있습니다. 궁극적인 깨달음은 어떤 객관적인 진리에 대한 깨달음 '이분이 그분이다'이 아니라 자아의 발견 '내가 바로 그분이다'이라는 것입니다. 바로 이런 식으로, 종교 간의 영적인 교류는 단순한 개념들의 나열에서 일종의 정화 과정으로 승화되어 갑니다.

우리는 필연적으로 갈등과 고통이 따를 수밖에 없는 이와 같은 체험이 지닌 신학적 의미를 심도 있게 파헤칠 필요가 있습니다. 한편, 이러한 체험을 모방하거나 일반화하기가 어렵다고 해서, 그것이 오로지 극소수의 사람들에게만 국한된다는 생각을 할 필요는 없습니다. 진정한 내적 체험은 반드시 어떠한 결속 - 교회와의, 인류와의, 아니면 그 어떤 다른 것과의 - 을 통해서 구현되게 마련입니다. 우주적인, 또는 모든 것을 쓸어안는 성격을 띠지 않는 영적인 체험은 결코 정당하다고 말할 수 없습니다. 우리 그리스도인 들은 혹시 내용보다는 상표에 관심을 더 기울이지 않습니까? 우리의 영적인 대화는 결코 상표에 머물러서는 안 될 것입니다. 그러다 보면, 인도의 어느 뜨거운 먼지투성이 길을 터벅터벅 걷고 있는 저 낯선 순례자가 바로 우리의 가슴을 뜨거워지게 하는 그분이 부활하신 우리의 주님-이신 줄을 깨닫지 못하게 될지도 모르는 일이니까요.

저는 오늘날 동양과 서양이 처해 있는 영적인 상황 속에서 나타나는 가능하고도 실제적인 태도를 긍정적인 측면과 부정적인 측면으로 나누어 기술함으로써, 저의 상황이 어떠한 것인지를 좀 더 분명하게 밝힐 수 있을 것 같습니다. 오늘날 이루어지고 있는 종교 및 영성 간의 만남은 매우 위험한 혼란과 왜곡의 근원이 될 수 있는 한편, 새로운 각성과 깨달음의 계기가 될 수도 있습니다. 우선, 부정적인 측면들부터 살펴보기로 하겠습니다.

(1) 저는 서양에서 행해지고 있는 동양 종교 관행의 모방이 결코 바람직하지 않다고 생각합니다. 서양인들 가운데에는 그러한 종교 관행의 배경이나 뿌리를 전혀 모르는 사람들이 많습니다. 그러므로 그것이 서양적인 심성에 무분별하게 접목될 경우에는 극단적인 혼란을 초래할 수도 있습니다. 여기서 저는 단지 신*힌두 종파들이나 구루 숭배자들뿐만이 아니라 티베트 불교와 같은 정통 종교의 서양문화와의 접목에 관하여 말씀드리고 있습니다. 여기에 필요한 것은 동양 종교의 배경에 대한 지식과, 서양 및 그리스도교 전통과의 바람직한 융합입니다. 하지만 오늘날의 교회는 사람들이 이러한 체험들을 이해하고 융합시키는 일에 별로 도움이 되지 못하고 있습니다.

(2) 저는 이웃종교와의 교류를 무턱대고 거부하는 근본주의 그리스도인들이 딱하게만 생각됩니다. 그들은 일종의 상아탑 속에서 살고 있을 뿐만이 아니라, 이웃종교와의 대화를 불가능하게 - 아니면 어렵게 - 만드는 왜곡된 그리스도 및 그리스도교의 상*을 만들어 내고 있습니다.

(3) 저는 또한 인도에 있는 교회들의 소위 문화순응에 대해서도 불만을 토로할 수밖에 없습니다. 다른 나라들의 경우에 관하여는 말씀드릴 처지가 못 됩니다. 왜냐하면, 그것이 단지 '우리도 인도인이다'라는 것을 보여 주기 위해서, 인도의 전통적인 요소들을 피상적으로 받아들이는 데에서 그치는 경우가 대부분이기 때문입니다. 결국, 외부적으로는 순응되었을지 몰라도 영적인 차원에서는 아무런 변화도 일어나지 않습니다. 그러므로 이런 종류의 순응이야말로 과거 선교사들의 사고방식이 또 다른 형태로 드러난 것이라는 힌두교인들의 비판이 그르다고 할 수만은 없을 것 같습니다. 문화순응은 오로지 진정한 내적 욕구에서 비롯되어 진지한 영적 대화를 수반할 때에만 진정한 가치를 지닐 수 있습니다. 힌두교인이나 불교인 가운데 진정한 영성에 대하여 거부감을 나타내는 사람은 단 한 사람도 없을 것입니다. 하지만 모방이나 가장된 믿음에 대하여는 매우 민감한 반응을 나타낼 것입니다.

(4) 제가 불만을 품고 있는 또 하나의 현상은 대체로 서구의 여러 나라에서 발견되는 혼합주의입니다. 이는 요가에서 샤머니즘으로, 탄트라 수행에서 선불교로 하는 식으로 어지럽게 옮겨 다니는 작태를 가리킵니다. 결국에는 그것이 마음대로 상품을 골라잡을 수 있는 그리고 값을 치러야 하는 영성의 수퍼마켓을 만들어 내고 말았습니다. 하지만 거기서는 어떠한 것도 심도 있게 탐구되거나 진지하게 추진될 수가 없습니다.

이번에는 우리가 취할 수 있는 바람직한 태도에 관하여 말씀드리도록 하겠습니다.

(1) 우리는 이웃종교의 영적 전통으로부터, 그리고 각종 서적이나 모임 등을 통해서 영감을 받을 수 있습니다. 나아가 열린 마음으로 박애를 실천하는 그리스도인이 될 수 있습니다.

(2) 우리는 자신의 영적인 뿌리를 포기하지 않은 채로 또 다른 영적 전통을 진지한 자세로 받아들일 수 있습니다. 이것이 비록 어렵고 드문 일이기는 해도, 그래야만 다른 사람들에게 훌륭한 귀감이 될 수 있을 것입니다.

(3) 자신의 종교가 지닌 외적인 표상들을 초월하는 체험을 한 그리스도인이라면, 이웃종교의 전통과 체험들을 그리 어렵지 않게 수용할 수 있을 것입니다. 신비 체험을 통해 초월의 경지에 이른 사람에게는 더 이상 상표가 문제시되지 않기 때문입니다.

지금까지 말씀드린 세 가지 태도는 서로 밀접한 관계에 있기 때문에 실제로 명확하게 구분되는 것은 아닙니다. 그럼에도 불구하고, 저는 이러한 태도들이야말로 이웃종교 영성과의 교류를 가능케 하는 가장 올바른 길이라고 확신합니다.

# 언어와 논리 저 너머

## 츈 주안 리<sup>Chewn Jiuan A. Lee</sup>

인도 대륙에서 온 그리스도인 및 그들과 대화를 시작한 사람들이 주로 힌두교의 영성을 주제로 토의를 펼쳐 나가는 동안, 이 모임에 참석한 몇몇 사람은 매우 다양한 형태의 불교 전통으로부터 많은 도움 을 받을 수 있었다. 그리스도교와 불교 모두를 자신의 삶의 일부로 간주해 온 츈 쥬안 리는 우리에게 어떻게 그녀가 이 두 종교를 서로 비교해 봄으로써 각 종교의 진정한 모습을 발견하게 되었는지 이야기해 주었다. 불교에서 그리스도교로 개종한 그녀는 그리스도인으로서의 올바른 영성 생활을 추구하는 과정에서 불교를 재발견하게 되었다고 한다. 그녀는 자신이 속한 그리스도교가 아무런 실천 방안도 제시해 주지 않은 채 너무나도 많은 의무만을 떠맡긴다는 느낌이 들었다. 예배는 너무나도 장황하고 분주했으며, 침묵의 시간이라곤 찾아볼 수 찾아 볼 수가 없었다.

저는 유교와 도교와 불교의 영향을 복합적으로 받은 어느 평범한 중국 가정에서 태어났습니다. 제가 그리스도인이 되고 나서 얼마 동안은 무언가 불안하고 부족하다는 느낌에 사로잡힐 때가 많았습니다. 어떻게 말로 표현하기 어려운 그와 같은 느낌은 10년 이상이나 계속되었습니다. 마침내 1960년대 말에 이르자, 저는 그리스도교 신학과 영성이 저에게는 적합하지 않다는 것을 알 수 있었습니다. 한편으로 그리스도교적인 신앙과 관행에 대한 신학자들의 해석이, 그들 자신의 삶의 정수를 외면한 지적 유희로밖에 보이지 않았습니다. 또 한편으로는, 교회가 아무런 실천 방안도 제시해 주지 않은 채 너무나도 많은 의무만을 떠맡긴다는 느낌이 들었습니다.

저는 그리스도교가 신학과 영적인 수행 면에서 일관성 있고 논리 정연한 형이상학적·우주론적 기초를 결여하고 있음을 알게 되었습니다. 심리학적 기초 역시 건전치 못하다고 생각되었습니다. 이와 같은 상황 속에서, 저는 좀 더 통전적인 삶의 철학을 추구하기 위하여 모국인 중국의 종교와 영성의 전통 속으로 되돌아왔습니다.

일단 그리스도교 신학의 부적합성을 발견한 이상, 저는 더 이상 신학의 언어와 논리에 의해 속박될 필요가 없었습니다. 그 대신에 저는 깨달음을 추구하는 선불교의 길을 따르기로 했습니다.

· 경전을 떠나서 깨달음을 얻는다 敎外別傳.
· 말이나 문자에 의존하지 않는다 不立文字.
· 인간의 마음心을 곧바로 가리킨다 直指人心.
· 본성을 깨달아 부처의 성품을 취한다 見性成佛.

그 때 이후로 저는 노자老子의 다음과 같은 말에서 형언키 어려운 감동을 느끼곤 했습니다. "말로 할 수 있는 도道는 늘 그러한 도가常道 아니요, 이름붙일 수 있는 이름은 늘 그러한 이름常命이 아니다."[1] 이 말은 언제나 저의 마음을 편하게 해 주었으며, 마음속 깊은 곳으로부터 경외심을 불러일으키곤 했습니다. 그리스도교의 입장에서 다음과 같이 명상을 정의하기도 합니다.

> "명상이란 경전에 기록된 진리나 구절들을 진지하게 그리고 체계적으로 숙고하는 것을 가리키며, 마음을 이끌어 주고 의지를 움직이며 기도할 수 있는 따뜻한 감정을 가질 수 있게 하는 것을 목표로 한다. 분명히 명상에는 지적인 요소가 포함되어 있으며, 기도로 연결시켜 주는 안전장치가 없을 경우에는 단순한 마음의 운동'어떤 이는 자기 자신에 대한 설교'라는 표현을 사용하고 있다으로 전락하기 쉽다."[2]

이상과 같은 명상에 관한 진술은 그리스도교 전통 안에서의 전형적인 이해를 반영하고 있습니다. 하지만 당시의 저로서는 이와 같은 명상 개념을 받아들일 수 없었습니다. 약간의 필요한 적응과정을 거쳐, 저는 마하야나Mahāyāna, 大乘 참선 방법과 테라바다Theravāda, 上座部 위파사나Vipashyanā, '통찰력' 또는 '깨달음'이라는 뜻 명상법[3]을 채택했습니다. 이 두 가지 명상법은 우리의 감각기관의 기능과 정신 활동을 극단적으로 단순화시키는 법을 가르쳐 주며, 완전한 몰아沒我의 경지와 궁극적인 실재의 임

---

1) 『도덕경(道德經), 제1장 道可道非常道 名可名非常名.
2) 『The Cloud Unknowing』, Clifton Wolters 역, Penguin Classics.
3) 역자 주: 위파사나 명상법은 사물의 본성에 대한 분석적 통찰, 즉 '공(空, Shūnyatā)'에 대한 통찰을 말한다. '공'에 대한 통찰은 3가지 실상(trilakshana), 즉, '무상(無常, anitya)', '고(苦, duhkha)', '무아(無我, anātman)'에 대한 통찰이다. 이러한 통찰은 새로운 정념(情念)의 발생을 예방해 준다. 위파사나는 깨달음(bodhi)에 이르기 위한 명상의 단계에서 마음을 고요하게 하는 바, 집중 이전의 단계다.

재를 동시에 체험할 수 있을 만큼 완벽하게 단순화된 상태를 목표로 하고 있습니다.

저는 그리스도교의 영성수련 방법과 이웃종교 전통의 수행 방법 사이에 질적인 차이가 있다는 사실을 체험을 통해서 알게 되었습니다. 물론, 이와 같은 차이는 순전히 형이상학적·심리학적 기초가 다른 데에서 비롯된 것입니다. 그리스도인이 하는 대부분의 기도는 궁극적인 존재에 관한 체험이 비교적 얕은 수준인 '관계'의 차원을 벗어나지 못하면서 이원론적인 성격을 떨쳐 버리지 못하고 있습니다. 이것이 바로 언어와 논리 그리고 상징이 지닌 문제입니다. 이와 같은 단계를 벗어나기 위해서 저는 고요한 명상 외에 만트라mantra를 암송하는 방법을 채택했습니다.

만트라란 짧고 단순한 형태의 기도를 반복적으로 행하는 것을 가리킵니다. 거기에 따르는 주기적인 운율은 서양 음악에서 흔히 발견되는 선형적線型的인 운율과는 사뭇 다릅니다. 만트라 영창은 정신과 감정을 차분하게 가라앉혀 주며, 결국에는 마음속에서 생각이 사라지고 진정한 기도의 샘이 솟아오르는 완벽한 침묵의 늪으로 빠져 들게 하는 능력을 지니고 있습니다.

그리스도인의 명상 수행에서는 성경 말씀을 읽는 일이 필수적인 역할을 합니다. 따라서 저는 소위 문화순응 내지는 융합 과정을 거치면서, 지금까지 인류의 영성을 지탱해 온 경전들의 근본 요인들을 찾고자 노력했습니다. 이와 같은 저의 노력에 가장 큰 도움이 된 것은 극동 지방의 일반적인 종교 의식意識 특히 대승불교적인 관점이었습니다. 우리가 성경을 읽을 때 갖추어야 할 마음가짐또는 유의할 점에는 다음과 같은 것들이 있습니다.

(1) 독자에게는 성경문구의 시제가 언제나 현재 시재입니다.

(2) 독자는 본문에 등장하는 주인공들과 자기 자신을 동일시하면서 읽어야 합니다.

(3) 예수께서 당신을 가리켜 '나'라고 하실 때에는, 타인으로부터 분리된 개체가 아니라 진정한 '자아'로서 모든 존재를 포괄적으로 지칭하고 계십니다.

(4) 성경은 역사적인 분석이나 지적인 추론에 의해 좌지우지되지 않습니다. 하지만 어떠한 영성 수행 방법도 하나의 수단이자 '달을 가리키는 손가락'일 뿐입니다. 그것은 결코 교리화 되거나 절대화될 수 없으며, 누구나 자유롭게 사용할 수 있어야 합니다. 그리고 영적으로 충분히 성숙한 다음에는, 미련 없이 던져 버릴 수 있어야 합니다.

# 이웃종교의 수행 방법들

이 모임에 참석한 사람들은 자신들의 헌신과 기도 생활에 깊이를 더함에 있어서 각종 형태의 명상이 지닌 가치를 거듭 거듭 확인하였다. 하지만 이웃종교의 영성에 대한 그들의 탐구가, 그리스도교 전통에서는 기도 수행에 관한 실제적인 지도가 대체로 결여되어 있다는 인식에서 비롯되었다. 그리고 그리스도교 전통 안에서 행하는 그리스 정교회의 기도 수행이 널리 알려져 있기는 하지만, 올바른 기도 생활의 지침을 구하는 다른 교파 그리스도인에게는 그 문이 활짝 열려 있지 않다. 이러한 상황에서, 일부 그리스도인은 불교와 힌두교 전통의 명상 수행에서 그러한 지침을 발견한 것 같다. 그 중에 대표적인 것이 선불교의 참선 방법이다. 동양 종교의 명상법에 따라 침묵 상태를 체험하기 전까지는 그리스도교 전통의 기도가 깊이는 없고 말만 많다는 인상을 받았다는 사람이 이 모임 가운데에 상당수 있었다. 다음에 살

펴보게 될 세 가지 실례는 이웃종교의 수행 방법이 그리스
도교의 기도에 어떻게 융합될 수 있는지를 보여 준다.


# 1. 관조觀照

### - 파스칼린 코프Pascaline Coff, OSB

경건한 가톨릭 가정에서 태어난 저는 어려서부터 교회의 각종 축
제 속에서 자라났습니다. 그러던 어느 날 이 모든 축제들이 결국에는
마음의 축제라는 생각이 들었습니다. 저는 성만찬 의식에서 깊은 감
동을 받았으며, 제 안에 그리스도의 마음을 갖게 되기를 기원하면서
성례전에 참여하곤 했습니다. 당시에는 가톨릭교회가 실재설Real
Presence을 강조하고 있었으므로, 저는 성례전이 거행될 때마다 열심히
기도함으로써 문자 그대로 '실재'를 추구했습니다.

수도원적인 일과표에 따라 생활하고 놀라운 헌신과 단합으로 이루
어진 성례전적 공동체의 수도원 생활이 시작된 후, 저는 노트르담 대
학에서 토마스 아퀴나스의 『신학대전』Summa Theologica을 공부하여 신학
박사 학위를 받았습니다. 그리고 수도원에 되돌아와 제가 맡은 일은
수도원에 새로 들어 온 사람들의 기도 생활과 수도원적인 생활양식
을 지도하는 일이었습니다.

저 자신 속으로 좀 더 깊숙이 침잠하기 위한 노력을 계속해 나가면
서, 저와 같은 길을 가는 사람들을 도와야 한다는 책임감이 배가倍加되
었습니다. 일찍이 1900년 초 에블린 언더힐[Evelyn Underhill]은 그와 같
은 길이 자각自覺이라는 거칠고 험난한 산 정상頂上에서 시작되지만, 거

기에 오르려고 하는 사람의 수는 극히 제한되어 있다는 말을 했습니다.

이어서 저는 우리 수도원의 부원장으로 6년 동안 일했으며, 이 기간 동안 저의 마음속에서는 내적인 합일에 대한 갈증이 더욱 고조되었습니다. 당시 미국에서 행하여지던 각종 영성 훈련 프로그램들을 검토해 본 저는 그것들보다 훨씬 더 깊이 있는 어떤 방법이 어디엔가 반드시 존재하리라는 생각이 들었습니다.

그 무렵 그리스도교 영성의 필수적인 보완책으로 동양 영성이 서구 사회에 들어 올 수 있는 길을 꾸준히 개척해 나가던 토마스 머튼 Thomas Merton이 동양에서 숨을 거두었습니다. 우리는 데이비드 스테인들 라스트David Steindl-Rast를 영성 훈련 집회에 초청하곤 했는데, 바로 이것이 동양의 풍성한 영성에 우리의 눈이 뜨이는 계기가 되었습니다. 부원장으로서의 임기를 모두 마친 저는 인도 남부에 있는 어느 아쉬람에서 1년간의 기도 생활을 시작했습니다. 그리스도인과 힌두교인들이 함께 공동체 생활을 하고 있던 그 아쉬람은 옥스포드 대학 출신으로 인도에서 무려 25년 동안이나 살아 온 전직 베네딕트 수도회 수도사가 이끌어 가고 있었습니다.

제가 그 아쉬람에서 보낸 1년이라는 기간은 제가 기대했던 것 이상의 결실을 저에게 안겨 주었습니다. 그 때 저는 힌두교의 '박티'사랑의 헌신가 얼마나 심오한지를 알게 되었습니다. 그리고 밝고 생동감 넘치는 가슴을 지닌 신비주의적 경향의 음유시인들을 만날 수 있었습니다. 어거스틴은 "두 번의 기도보다 한 번의 찬송이 훨씬 더 낫다"라는 말을 했습니다. 베데 그리피스 신부의 힌두 그리스도교 아쉬람에서는 명상 시간이 시작될 때와 끝날 때마다 '바잔'Bhajan, 음악과 함께 하는 경배을 불렀고, 아침과 저녁의 기도 모임에서는 성경과 여러 이웃종교 경전에서 발췌한 기도문들이 낭송되곤 했습니다.

그리고 성만찬을 거행할 때에는 떡과 포도주가 놓인 상들을 아름다운 꽃으로 장식하곤 했으며, 고대 동양의 불 의식을 겸한 '아라티'Ārati, 꽃과 향과 바잔聲을 겸한 저녁 예배를 날마다 행하곤 했습니다. 그밖에도 우리는 인도 북부의 이고푸리라는 곳에서 고엔카S.N.Goenka가 인도하는 열흘간의 집중적인 위파사나 수련회에 참석하기도 하고, 바잔 소리가 잠시도 쉬지 않고 흘러나오는 아쉬람들을 방문하기도 했습니다.

오클라호마 동쪽 그린 힐에 있는 그리스도교 수도원 형태의 우리 아쉬람은 1980년 6월에 설립되었습니다. 원래 아쉬람은 어떤 종교를 가진 사람이든 환영받고, 소박한 생활양식 속에서 집중적인 영성 수행이 행하여지는 곳입니다. 따라서 우리는 아쉬람 생활을 통해 동양 종교의 풍성한 보배들을 우리 시대의 그리스도교에 융합시킬 수 있었습니다. 우리 아쉬람은 방문객들이 편안한 마음을 가질 수 있도록 세계 여러 종교의 표상들을 대강당과 예배당에 전시해 놓았으며, 예배당 북쪽 벽에는 아메리카 인디언의 북과 평화의 담뱃대가 걸려 있습니다.

우리의 하루는 아침 5시 45분, 그 주의 기도 모임을 맡은 인도자가 부르는 바잔으로 시작됩니다. 아침 기도 모임은 20~30분 동안의 명상에 이어서, 인도자가 다시 한 번 부르는 바잔으로 끝나게 됩니다. 그리고 아침 찬송 시간이 시작되는데, 이때 우리는 『리그베다』를 비롯하여 여러 동·서양 종교의 경전에서 발췌한 기도문들을 교창交唱하곤 합니다. 우리는 또한 성례전을 거행할 때, 일반적인 찬송 대신 바잔을 부르기도 합니다. 예배 의식의 종류에 따라서는, 여러 절節로 구성된 찬송을 부르기보다는 의식의 주제에 걸 맞는 한 개의 절을 반복해서 부르는 편이 훨씬 더 효과적일 때가 많습니다. 더구나, 반복이 학습에 미치는 효과도 무시할 수 없습니다.

　　우리의 기도 모임 가운데 동양 영성의 영향을 가장 많이 받는 시간은 정오에 열리는 찬양 모임입니다. 이 모임은 길게 '옴~'하고 합창하는 것으로 시작하여, 영어 가사로 가야트리Gāyatrī, 리그베다의 가장 거룩한 시구詩句 중의 하나로 일정한 음절의 음률音律 만트라를 노래한 다음 다시 길게 '옴~'하고 합창하는 것으로 끝이 납니다. 다음에는 15분간의 고요한 명상이 이어지고, 이 침묵의 시간은 동양적인 기도로 마치게 됩니다. "우주의 주님이시여! 오, 영원한 의식意識이시여! 우주의 주님이신 당신께 경배를 드립니다." 이어서 동양의 지혜서를 읽고 묵상하는 시간이 있은 다음, 『시편』 118편 가운데 몇 절이 낭송됩니다. 그리고는 힌두교에 기원을 둔 기도문으로 우주적인 평화를 기원하면서 이 기도 모임이 모두 끝나게 됩니다.

　　매주 주일마다 거행되는 성찬식에서, 우리는 "영원하신 존재이시고 지복至福의 근원이시며 하나님의 아들이신 당신께 찬송과 경배를 드립니다."와 같은 기원을 하면서, 떡과 포도주를 놓아둔 제단 주위에 꽃을 바치곤 합니다. 그리고는 떡과 포도주를 중심으로 향을 사르는 의식과 불꽃을 흔드는 의식을 행합니다. 주일과 축제일 저녁의 기도 모임에서는 끝 무렵에 아라티가 행하여집니다. 이때 인도자는 불을 만드신 주님이 계신 성소 주위에서 불꽃을 흔든 다음, 참석자들 앞에 차례로 그 불을 가져갑니다. 그러면 그들은 불꽃을 손으로 취하여 눈으로 가져가는 흉내를 내면서, 영원히 존재하시며 영원히 사랑하시는, 그리고 불을 만드시고 그 불처럼 영원히 타오르시는 분이 계신 자신들의 가슴속 동굴에 그 불빛이 비친다고 상상합니다.

　　매일 저녁 열리는 기도 모임에서는 우선, 세계의 여러 종교들이 사용하는 경전에서 특별히 발췌된 문구들이 낭송됩니다. 그리고 교부

들의 저술이나 교황청의 자료 중에서 그 날에 할당된 문구들이 낭송
됩니다. 이 때 낭송에 앞서 간략하게 주제를 설명하는 시간이 있습니다.
주일 저녁에는 인근 대학교에서 인도인 교수 한분을 모셔 오곤 하는
데, 그분은 '삿상'Satsang, 진리에 대한 믿음을 함께 나누는 것을 좋아하실 뿐만 아니라
저녁 모임에서 우리에게 동양의 경전들을 즐겨 읽어 주시곤 합니다.

'삿상'은 고대로부터 널리 알려진 인도의 수행 방법들 가운데 하나
입니다. 이는 큰 축복을 받은 사람들이나 지혜로운 사람들과 친교를
나누면서 주님의 행적과 가르침에 관한 이야기를 반복해서 듣는 것
도 우리가 구원받을 수 있는 한 방법이 될 수 있다는 믿음과 관련이
있습니다. '삿상' 모임에서 우리는 인도인 방문객들에게서 인도의 신
화나 성자들에 관한 이야기를 청해 듣곤 하는데, 그들의 이야기는 우
리의 영성 생활을 풍요롭게 하는데 많은 도움이 되는 것 같습니다.

때로는 우리에게 동양 영성에 대한 시야를 열어 준 영적인 스승들
을 초빙하여 수련회를 열기도 합니다. 그리고 어떤 경우에는 아쉬람
운영진끼리 한적한 곳에서 그리스도교적인 선 수련회를 열 때도 있
습니다.

매일 오후 한 시간씩, 우리 아쉬람에서는 대중에게 공개하는 그리
스도교적인 참선이 진행되곤 합니다. 죽비竹篦가 한 번 울리고 나서 종
소리가 세 번 나면, 사람들이 자리에 들어 와 앉습니다. 그러면 아쉬
람 운영진 가운데 한 사람이 그리스도교의 신비주의자나 동양의 현
자가 저술한 책에서 발췌한 명상적인 기도문을 낭송하면서 모임이
시작됩니다. 25분간의 참선이 있고 나서 5분간의 명상적인 산책, 그
리고 다시 25분간의 참선이 이어집니다. 예배당 안에는 방석, 긴 의
자 등이 놓여 있어서 참선이나 예배 때마다 사용되곤 합니다.

몇 년 전 인도로 망명한 티베트 수도사들이 우리 아쉬람을 찾아 왔을 때, 우리는 매일 아침 그들과 대화를 나누었고 저녁에는 '삿상' 시간을 가졌습니다. 이때 우리는 무엇보다도 먼저, 대화에서 사용되는 용어들이 정확히 정의 되어야겠다는 생각을 했습니다. 티베트인들에게는 '삿상'이 '남편과 부인'을 뜻합니다. 여하튼 우리는 그들이 '동·서양의 대화를 위한 북미 위원회'North American Board for East-West Dialogue 주관으로 열린 제2기 '수도원 친교 프로그램'Intermonastic Hospitality Programme, Phase II에 참석하러 이곳에 와 있는 동안 매일 저녁 그들과 서로의 체험을 나눌수 있는 시간을 가졌습니다. 하루는 오후 내내 게쉬라는 이름의 티베트 수도사가 기도에 관한 강의를 했는데, 영어를 할 줄 아는 그의 젊은 동료 한 사람이 통역을 맡았습니다. 이 때 참석한 우리 아쉬람의 인근 지역 주민 모두가 큰 감명을 받았습니다.

또 한 번은 우리가 인도 남부로부터 베데 그리피스 신부를 초빙 한 적이 있는데, 이때도 역시 우리는 틸사 등지에서 온 사람들과 더불어 매우 보람 있는 시간을 가졌습니다.

1986년에는 '제3기 수도원 친교 프로그램'의 진행 과정이 칼라 슬라이드로 제작되었습니다. 이 때 우리 베네딕트 수도회 소속 수도사 3명과 수녀 3명이 인도에 있는 26개의 티베트수도원과 4개의 수녀원을 방문했습니다. 여기 미국과 인도에서 분명해진 한 가지 사실은, 그와 같은 종류의 친교가 종교적인 각성과 합일의 계기가 될 수 있다는 것이었습니다. 이 문제에 관하여 토마스 머튼Thomas Merton은 제1회 전全아시아 수도사 총회All Asian Congress for Monastics에서, "대화는 합일의 매체이다"라고 말했습니다.

## 2. 선禪을 통한 깨달음

### - 토마스 핸드<sup>Thomas G. Hand, SJ</sup>

거의 20여 년 동안 저는 종교 간의 대화, 특히 영성수련 분야를 위해 일해 왔습니다. 그리고 미국 제수이트 교단의 신부로서 일본에서 29년을 살아오는 동안, 6년간에 걸쳐 야수타니 하쿠운 로쉬와 야마다 코운로쉬의 지도로 선 수행<sup>參禪</sup>을 계속해 오고 있습니다. 특히 지난 3년 반 동안은 미국 캘리포니아 주 벌링게임에 있는 '자애 센터'<sup>Mercy Center</sup>의 직원으로 일하면서, 그 산하기관인 '현대인의 영성 연구원'<sup>Institute of Contemporary Spirituality</sup>의 프로그램에 관여해 왔습니다. 예를 들어, 우리는 "인간의 길"<sup>The Human Path</sup>이라는 제목 하에, 영성수련을 중심으로 불교와 그리스도 간의 대화 모임을 세 차례에 걸쳐 주최했습니다. 저는 일주일, 이틀, 혹은 하루를 기간으로 하는 집중적인 명상 수련회를 정기적으로 지도하기도 하고, 매일 아침 열리는 기도 모임과 주간 모임을 인도하기 합니다. 이러한 모임들에서는 거의 예의 없이, 동양 종교의 통찰력이 그리스도교적인 영성수련 방법과 융합되어 있습니다.

저는 주로 대승 불교, 특히 선불교를 연구하고 있습니다. 그 밖의 연구 대상으로는 바즈라야나와 전통적인 도교<sup>노자와 장자</sup>가 있습니다. 그리고 최근에 버클리에서 열린 불교·그리스도교 연합 집회에서는 "대승불교적인 의식<sup>意識</sup>이 인격적인 하나님에 관한 그리스도교 교리에 미칠 수 있는 영향에 대한 연구"<sup>A Study on the Possible Impact of Mahayana Consciousness on the Christian Doctrine of the Personal God</sup>라는 제목으로 논문 한 편을 발표했습니다.

바로 이것이, 지금부터 제가 말씀드릴 이야기의 배경입니다.

우선 물질적이고 외적인 상황부터 말씀드리도록 하겠습니다. 여기 '자애 센터'에서는 주로 '장미실'Rose Roon이라 불리는 방에서 명상을 하곤 합니다. 우리가 이와 같은 이름을 붙인 까닭은, 동양에서는 연꽃이 그러하듯이 서양에서는 피어나는 장미꽃이 깨달음을 상징하기 때문입니다. 이 방의 벽들은 중국 또는 일본 풍風의 각종 문양과 법어法語들로 장식되어 있고, 일본 쿄토의 코류지에서 가져 온 마이트레야 보디사트바彌勒菩薩의 그림과 도가道家의 그림 두 점이 걸려 있습니다. 이와 같은 실내 장식은 이 방의 분위기에 정취를 더해 줄 뿐더러, 방문객들에게 매우 좋은 반응을 불러일으키고 있습니다. 물론, 강단 중앙에는 십자가가 걸려 있습니다. 하지만 우리는 머지않아 불교 특유의 소박한 정취가 가미된, 명상하는 그리스도의 상이 십자가를 대신하게 되리라고 기대합니다.

명상 시간에 사람들은 의자에 앉을 수도 있지만, 주로 '자푸'(참선용 방석)를 사용합니다. 이 때 사람들은 강단을 향해 앉는 대신, 서로 마주보고 앉는 '린자이' 형식을 취하곤 합니다. 이 방에 있는 종과 나무북('모쿠교')은 모두 불교 백화점에서 구입한 것들입니다. 사람들은 절을 계속하기도 하고, 명상 보행을 하기도 합니다. 우리는 이런 분위기에 대하여 거부감을 느끼는 사람이 만일 있다고 하더라도 극소수에 불과하다는 것을 알게 되었습니다. 사람들은 오히려 이 방의 조용하고 명상적인 분위기에서 많은 도움을 받는 것 같습니다.

우리의 찬송 시간에도 이웃종교의 영향이 뚜렷하게 나타납니다. 우리는 명상에 앞서 잠시 동안 찬송을 부르곤 합니다. 이는 우리의 마음과 힘을 집중시킴과 동시에, 찬송이 끝난 후의 특이한 침묵 상태가 명상에 많은 도움이 되기 때문입니다. 우리는 그 자체로서 거룩한

느낌을 자아내는 '옴' 이라는 음을 즐겨 발성하곤 합니다. 그리고 때
로는 마리아와 예수의 히브리어 이름 앞에 이 음을 붙여서 발음하기
도 합니다'옴 미리암', '옴 예슈아'. 처음에는 이 같은 찬송이 이상하게 들릴 수
도 있지만, 결국에는 아주 훌륭한 성가聖歌라고 느껴질 것입니다.

우리가 '할렐루야'를 부를 때에는 유대교 냄새가 물씬 풍기곤 합니
다. 그리고 우리는 마치 한국의 선불교를 훈련받은 미국인들이 영어
로 『반야심경』을 낭송하듯이, '모쿠교' 박자에 맞추어 『시편』27편을
낭송하곤 합니다. 마지막으로, 우리가 라틴어 단어들을 삽입한 중국
불경은 보행 시에도 부를 수 있는 매우 훌륭한 찬송 입니다. "Jusu
Christ, salva nos," 예수 그리스도시여, 우리를 구원 하소서 또는
우리를 온전케 하소서....

우리가 명상을 인도할 때에는, 사람들의 외적인 행동은 일단 통일
되어야 하되 내적인 수행 방법은 각자가 자유로이 선택할 수 있다는
원칙을 지켜 나가고 있습니다. 따라서 한 자리에 앉아 있더라도 어떤
이들은 그리스도교적인 명상에 잠기기도 하고, 어떤 이들은 만트라그
리스도교적인 것일 수도 있고, 아닐 수도 있습니다를 암송하기도 하며, 또 어떤 이들은 위파
사나Vipassanā, 無常anitya, 苦duhkha, 無我anātman에 대한 통찰 명상법이나 바즈라야나
Vajrayāna, 金剛乘, 주로 만트라를 사용 명상법을 사용하기도 합니다. 저는 사람들에게
명상법을 추천할 때마다, 각자의 체험과 현재 처해 있는 상황을 고려
하곤 합니다. 그들에게 제가 추천하는 명상법들은 그리스도교와 불
교의 영향을 받은 것들이 주종을 이루고 있습니다.

어떤 이들에게는 자신의 호흡에 정신을 집중하는이 때 숫자를 셀 수도 있고, 세지
않을 수도 있습니다 선불교적인 방법이 가장 효과적입니다. 그런 사람들의 수
는 놀라우리만큼 많습니다. 한편, 만트라나 위파사나 명상법, 예를
들어, 드멜로[De Mello]가 『사다나』Sadhana, 완전에 이르기 위한 요가수행에서 제시

한 명상법을 사용하는 사람들도 만만치 않은 비중을 차지합니다.

저는 우리 몸의 '에너지 센터chakra, 차크라'를 중심으로 한 힌두교의 수행법을 개인적인 수행은 물론이려니와 단체적인 수행에도 적용하고 있습니다. 저를 포함하여 몇몇 사람은 『베다』를 암송하거나, 기본 만트라를 '미리암' 이라는 이름 앞에 붙여, 차크라의 각 부위를 타고 올라오면서 마음속으로 암송하는 방법을 자주 사용하고 있습니다. "람ham 미리암, 밤vam 미리암, 람ram 미리암, 얌yam 미리암, 함ham 미리암, 아a 미리암, 오옴om 미리암", 이렇게 하는 까닭은, 미리암이 성령 충만의 상징이므로 우리 몸의 각 차크라를 활짝 열어 주면서 실제로 우리 존재 전체를 깨끗하게 정화시켜 주기 때문입니다. 다음에는 '예슈아'라는 신성한 이름 앞에 기본 만트라'비자·만 트라'bīja mantra: 상징적 에너지의 음절로 암송하는 만트라를 붙여, 차크라의 각 부위를 타고 내려가면서 암송합니다. 이는 각 에너지 센터와 우리의 존재 전체를 성령으로 충만케 하기 위한 방법입니다.

마지막으로, 우리는 이마에 있는 '아즈나'통제 센터로 되돌아 와, 거기서 '옴 예슈아'라는 암송을 계속해 나갑니다. 저는 또한 아버지 하나님께 대한 일곱 가지의 탄원주기도문과 일곱 부위의 차크라를 결합시키는 방법을 계발해 내었습니다. 이는 주기도문을 영성수련에 활용할 수 있는 매우 훌륭한 방법입니다. 그리고 우리들 각자가 소小인류이자 소우주라는 의식 속에서 이 방법을 사용할 경우에는, 그것이 자기 자신 뿐만이 아니라 온 세상과 우주를 위한 기도가 될 것입니다.

제가 선禪을 통해 터득하게 된 기본적인 기도 형식 한 가지를 소개하겠습니다. 그것은 순수한 집중, 또는 대상도 형태도 없는 기도로서, 일본 선불교에서는 '시칸 탄자'마음을 비운 참선라 불리고 있습니다. 저는 선 수행을 계속해 나가는 과정에서 바로 이것이야말로 전정한 기도라는 확신을 갖게 되었고, 지금은 매우 자신감 있게 이 방법을 가르치고 있습니다. '시칸 탄자'에서는 우리의 마음에 정신을 집중합니다. 우리의 감각이나 상상력, 지력 등은 기본적으로 중성적<sup>中性的</sup>인 성격을 띠고 있습니다. 한편, 우리에게 마음이 있다는 것을 부정할 사람은 없을 것입니다. 하지만 그것이 어디에 있으며 무엇인지를 정확하게 설명하기란 그리 쉬운 일이 아닐 것입니다. 실제로, 우리의 마음은 그 어떠한 곳에도 존재하지 않을 뿐더러 어떤 범주 속에 포함시킬 수도 없는, 실로 인간 존재의 무한한 차원이라고 할 수 있습니다.

우리가 하나님을 알 수 있는 것은, 바로 이 마음이 지닌 힘 때문입니다. 어거스틴이 말했듯이, 우리의 마음은 근본적으로 하나님 체험을 지향하고 있습니다. "오, 하나님! 우리의 마음은 주님을 위해 만들어진 것입니다." 그러므로 기도란, 우리의 마음이 본연의 행로를 찾아 가도록 하는 것이라고 정의내릴 수도 있습니다. 기도는 형태 없는 무한자無限者, Infinite에 초점을 맞추어 마음을 집중하는 것이며, 바로 이것이 마음을 비운 명상입니다. 서양 그리스도교의 전통적인 기도 방법에 숙달된 사람들에게는 단순히 앉아 있는 것만으로도 훌륭한 기도가 될 수 있으며, 경건한 생각과 감정이 진정한 기도의 필수적인 요소는 아니라는 사실을 인식시킬 필요가 있습니다. 그러기 위해서는 『무지無知의 구름』The Cloud of Unknowing이라는 책의 내용을 요약·설명해 주거나 그리스도교 신비가들의 예를 들려주는 것이 도움이 될 때가 많습니다. 『무지의 구름』의 저자가 하던 기도의 근간을 이루었던 '벌거벗은 마음의 떨림'이라는 상태는 '시칸 탄자'와 조금도 다름이 없습니다. 우리는 모든 생각과 관념들을 제쳐놓고, 심지어 주 예수와 그분의 축복받은 수난이라는 개념까지도, 망각의 구름 위에 서서 벌거벗은 마음의 떨림으로 '무지의 구름'을 쳐다볼 줄 알아야 합니다.

저는 선禪을 비롯한 동양 종교가 사람들의 영을 가장 효과적으로

감화 · 감동시킬 수 있는 어떤 분기점이 있다고 봅니다. 『무지의 구름』은 어떤 사람이 이 마음의 기도를 체득하기까지 명확한 증표와 아울러 수년간의 기도수행이 필요하다고 지적합니다. 형식의 구애를 받지 않는 기도에 매력을 느끼는 사람일수록 동양 종교의 전통을 쉽게 그리고 자유롭게 받아들일 수 있습니다. 지금까지 저는 그토록 많은 사람들이 동양적인 명상에 매료되고 있다는 사실에 놀라움을 금치 못하고 있습니다. 그리스도인은 다른 사람들에 대한 봉사와 정직하고 평화로운 삶을 영성수련의 목표로 삼을 때가 많습니다. 하지만 선은 그러한 목표를 부정하지는 않으면서도, 깨달음을 목표로 한다는 점에서 훨씬 더 분명하고 단순한 성격을 띱니다. 비록 제가 다른 사람들을 지도함에 있어서 깨달음과 관련하여 그리스도교적인 용어를 사용할 때가 많기는 하지만 하나님 안에서 모든 피조물과의 합일을 체험하는 것, 자신의 내부에서 그리스도를 발견하는 것 등, 그 동기의 단순성과 명확성이라는 차원에서는 불교를 따르는 것이 보통입니다. 이는 또한 우리가 명상하는 방을 '장미실'Rose Room이라고 이름붙인 까닭이기도 합니다. 그밖에도 저는 성경공부와 신학, 인생, 철학 전반에 걸쳐 불교로부터 많은 영향을 받았습니다. 예를 들어, 불교를 몰랐더라면 제가 하나님의 무한성과 절대와 상대의 진정한 의미를 그토록 진지하게 고찰할 수 없었을 것입니다. 그것으로 인해 저의 생각과 영성수련에는 실로 엄청난 변화가 왔습니다.

# 3. 영성의 뿌리를 찾아서

**- 피터리**Peter K. H. Lee

중국의 그리스도교에서는 제3세대에 속하는 저는 홍콩의 어느 성공회 교회에서 영적인 양육을 받으며 자라났습니다. 청년 시절에는 성가대원으로 활동하면서 교회의 예배 음악과 예배의식을 좋아하게 되었고, 매우 활동적이셨던 어머니를 통해 그리스도인 간의 친교가 얼마나 중요한 것인지를 깨닫게 되었습니다.

저는 식민지 냄새가 물씬 풍기는 어느 영국인 학교에 다녔습니다. 하지만 우리 가정이 비교적 부유했던 덕분에, 문화혁명[1919]을 겪은 의식 있는 중국 청년을 가정교사로 둘 수 있었습니다. 그는 저에게 매 세대마다 새롭게 거듭나야 할 중국의 문화유산을 끊임없이 상기시켜 주었습니다. 미국에서 교육을 받은 저의 아버지는 과학과 민주주의야말로 중국 최대의 희망이라고 확신하셨습니다. 이와 함께 그분은 우리 형제들에게 중국 역사 이야기를 들려주기를 좋아하셨습니다.

제가 미국에 있는 대학에 입학한 당초의 목적은 과학을 공부하기 위함이었습니다. 하지만 저의 관심은 점차로 인문과학 분야로 확장되어 나가기 시작했고, 마침내 철학학사 학위를 받고 대학을 졸업했습니다. 이때 서양 전통에 관해 많은 것들을 배울 수 있었습니다. 하지만 저의 관심을 가장 많이 끌었던 과목은 세계종교에 관한 것이었습니다. 그리스도교 사역을 시작하기로 결심하기에 앞서, 다음 두 가지 문제를 놓고 심각하게 고민했습니다.

첫째, 영국성공회의 형식주의와 성직자 중심주의에 불만을 품으면서[하지만 교회음악에 대한 사랑에는 변함이 없었습니다], 존 웨슬리John Wesley의 경건주의에 나타난 인격적인 따뜻함에 마음이 끌렸습니다. 둘째, 저는 사회문제에 대한 감리교의 관심에 대하여 동조하는 입장을 취하면서도 무언가 부족하다는 생각을 하고 있었습니다. 하지만 웨슬리의 가르침을 통해서, 인간의 행동을 전제로 한 의인義認과 성화聖化와 사회참여가 하나님 은총의 통로라는 사실을 알게 되었습니다. 저는 신학대학원을 졸업하고 나서 미국 감리교에서 목사 안수를 받았습니다.

캘리포니아와 하와이에서 몇 년 동안 여러 인종으로 구성된 회중들을 상대로 목회 경험을 쌓고, 신학공부를 좀 더 깊이하기 위해 다시 대학으로 돌아 왔고, 마침내 세계 종교와 종교관의 대화 분야에서 박사 학위를 받게 되었습니다.

이때 홍콩으로 되돌아가야만 한다는 느낌이 들었습니다. 그 때까지의 목회 생활이나 대학 생활은 저의 영적인 갈증을 씻어 줄 수 없었습니다. 더구나 서양 중심의 신학적 배경과 미국교회 중심의 목회 사역으로 인해 조국에 대하여 이방인이 되었다는 생각을 떨쳐버릴 수가 없었습니다. 물론, 홍콩은 외국에서 들여 온 자본주의가 지배하고 외국산 제품들이 시장에 넘쳐흐르며, 서양의 생활양식이 그대로 이식된 영국의 식민지입니다. 하지만 이와 같은 현상들 저변에는 중국적인 문화와 종교가 뿌리내리고 있습니다. 더구나 홍콩은, 비록 최근 수십 년간 정치·경제적인 격변을 겪어 오기는 했어도 오랜 역사와 문화유산을 자랑하는 중국에 연접한 땅입니다.

청년 시절의 저를 매료시켰던 과목들 가운데 하나가 투영기하학입니다. 투영기하학에서는 수학적인 방정식에 의해 계산된 결과가 종이 위에 투영도로 그려집니다. 이때 등장하는 대수 방정식에서는 수학적인 문제의 해결을 위해 고도로 추상적인 상징들이 사용되며, 그 결과에 따라 종이 위에 그려진 선과 형태들은 마음속에 떠오른 형상의 외적인 표현이라고 할 수 있습니다. 이러한 과정은 서양의 철학과 과학에 전형적으로 나타나는 사고방식을 상징적으로 나타냅니다. 거기서는 사고의 주체인 마음은 고도로 추상적인 사고의 대상과 철저히 분리되어 있습니다. 그리고 만약 어떤 신비적인 방법에 의해 주체와 객체 사이에 일종의 합일合—이 이루어지더라도, 그 해법을 추상적인 상징들로 구성된 방정식에서 찾으려고 합니다. 서양 사상사思想史에서는 이 같은 형태의 주체와 객체가 분리된 사고방식이 물질적인 대상들을 효과적으로 조작함으로써 과학적客觀的 지식의 확장과 현대적인 기술의 발전에 도움이 된 것이 사실이기는 합니다. 하지만 오늘날에 있어서는 그와 같은 사고방식이 우리를 영적·정서적으로 메마르게 할 뿐입니다.

실재에 대한 주체-객체 이분법적 사고방식을 인간과 사회적인 관계와 하나님에게 적용할 경우, 우리는 본질적인 핵심을 놓치게 될 것입니다. 지나치게 단순한 생각일지는 몰라도, 저는 바로 그와 같은 이분법적 현상이 현대 서양 사회에 팽배해 있는 인간 영혼의 불만과 사회 혼란의 근본이라고 보고 싶습니다. 만약 제 생각이 틀리지 않았다면, "코기토 에르고 줌"cogito ergo sum, "나는 생각한다. 고로 나는 존재한다."이라는 불멸의 명언을 남긴 르네 데카르트Rene Descartes가 투영기하학의 혁신자들 가운데 한 사람일 것입니다. 하지만 서양 세계의 모든 문제들을 오로지 그의 탓으로만 돌리려고 하는 것은 결코 아닙니다. 저는 단지 주체와 객체의 분리를 전제로 한 사고방식에서 서양의 신학과 교회 생활의 한계를 발견할 따름입니다.

비록 저에게 갑작스러운 깨달음은 없었을지라도, 주체와 객체가 이분된 사고방식은 오랜 세월에 걸쳐 점차로 수정되어 왔습니다. 도가적인 영성이 그윽하게 표현된 중국의 산수화를 즐기는 것이 저에게 큰 도움이 되었습니다. 중국의 산수화는 산, 물, 하늘, 나무, 지평선 등이 서로 녹아드는 특징을 나타냅니다. 언제나 아주 작은 모습으로 그려지는 사람을 통해, 도(道)에 대한 의식이 부드럽게 표현됩니다. 명상하는 자세로 그림을 감상하는 사람은, 그림 속의 작은 사람을 의식하면서 서서히 그 그림의 일부가 되어 가는 것을 느낍니다. 불행하게도 저는 산수화를 그릴 줄 모릅니다. 하지만 중국식 족자들(복사본)을 수집하고 감상하는 일은, 여전히 제가 즐겨하는 일들 가운데 하나입니다.

중국 시(漢詩)의 세계에도 도의 정신이 숨 쉬고 있습니다. 저에게는 서양의 신학논문보다는 한시 한 편을 읽는 편이 훨씬 더 즐겁습니다. 내용이 충실한 신학 저술들이 우리의 사고에 자양분이 되는 것은 분명하지만, 중국의 서정시들은 영적으로 풍성한 의미를 지닌 까닭에 우리의 갈증을 해소해 주는 시원한 청량음료라고 할 수 있습니다. 선(禪)의 정취가 풍기는 한시들을 수집하는 일도 제가 즐겨하는 일들 가운데 하나입니다. 지금까지 수많은 한시들을 감상해 온 저로서는, 더 이상 종전과 같은 관점에서 그리스도교의 신학적 주제에 접근할 수 없습니다.

선(禪)이 거론될 때마다 빠뜨릴 수 없는 이야기가 바로 참선에 관한 이야기입니다. 선은 도교와 불교의 멋진 만남의 결과입니다. "앉아서 명상에 잠기다"라는 의미의 참선은, 결국에는 무아(無我)와 무형(無形) 그리고 완벽한 공(空)의 세계로 인도하는 명상 또는 묵상(어떤 전문가들은 이 둘을 구별 짓기도 합니다만 저로서는 그러고 싶지 않습니다)의 한 방법입니다. 참선은 어떤 사물이나 자신의 호흡에 대한 정신 집중으로 시작되지만, 결국에는 형체도 자의식도 없는 의식 상태로 들어가게 됩니다. 저는 비록 참선 수행을 꾸준히 계속해 오지도, 훌륭한 스승(르쉬)을 만나지도 못했지만, 갈등과 혼란 그리고 충동적이고 광란적인 행동이 난무하는 세상과는 완전히 구분되는 저의 광활한 내부 세계를 탐색하기 위해 나름대로 많은 노력을 기울여 왔습니다. 참선을 계속해 나가다보면, 신비롭게도 침묵의 바다에서 무한한 에너지와 창조성 그리고 모든 피조물에 대한 자비와 사랑이 넘쳐흐르기 시작합니다.

저는 이와 같은 명상법을 거의 맛보지 못한 터라, 앞으로도 계속해서 탐구해 나가면서 경험이 풍부하고 유능한 사람들의 조언을 구할 작정입니다. 나아가 저는 참선을 그리스도교 영성에 접목시키기를 원합니다. 선은 우리를 모든 집착으로부터 해방시켜 주지만, 그것을 통해서 일정한 경지에 오른 사람에게는 모종의 영적인 능력이 생겨나게 됩니다. 그러므로 선으로부터 오는 영성은 그리스도인의 삶과 얼마든지 융합될 수 있는 것입니다.

여기서 우리는 그리스도교적인 관념들을 떠나지 않으면서도 명상이 지적 활동에서 압도적인 위치를 차지하는 그리스도교적인 영성수련에 관하여 살펴 볼 필요가 있을 것 같습니다. 그것은 영적인 내용의 어떤 성경 구절이나 상징, 또는 예수님의 삶 가운데 일어난 어떤 사건과 관련될 수도 있습니다. 저는 외적으로 주어진 형태를 내면화하고 그것을 자신의 체험에 관련시키며, 결국에는 주관성이 객체에 의해 흡수되게 만드는 이러한 종류의 명상이 지닌 가치를 너무나도 잘 알고 있습니다.

지금까지 제가 말씀드린 내용들과 관련하여 얼마 전 제가 우연히 발견한, 명상의 세 가지 차원을 도식화한 모델을 소개하고자 합니다.[1]

---

1) Claudio Naranjoff Robert E. Ornstein ETT, 『On the Psychology of Meditation』, London, George Allen & Unwin Ltd, 1972, p.16.

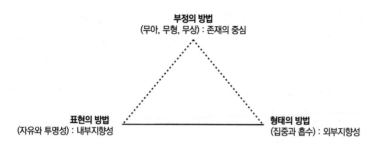

참선은 대표적인 부정의 방법이고, 중국의 산수화와 한시는 표현의 방법에 속하며, 상징이나 성경 구절을 사용하는 그리스도교의 전통적인 명상법은 형태의 방법의 일례입니다. 이 세 가지 방법이 창조적으로 융합될 수 있는 길은 없겠습니까?

이 문제에 관한 한, 그것이 도교와 불교의 영성이든 그리스도교의 영성이든 간에, 이웃종교에 대한 관심은 이차적인 문제로 제쳐놓은 채 오로지 자신들의 종교만을 염두에 두는 경향이 있다는 사실을 지적하지 않을 수 없습니다.

유교의 윤리적 가르침은 도덕성 계발의 중요성을 저에게 일깨워 주었습니다. 하지만 홍콩, 대만 등지를 포함하여 오늘날의 중국 사회에서 유교라 불리는 것들이 대부분 제도화되어 생명력이 없다는데 대하여는 재론의 여지가 거의 없을 것입니다. 그럼에도 불구하고 저는 고전으로 되돌아 가, 가능하다면 언제든지 유교의 가르침이 살아 숨 쉬는 사람들과 대화하기를 원하고 있습니다. 저는 선성善性을 지닌 사람은 누구에게도 못지않은 도덕성을 지니고 있다고 확신합니다. 만약 유교가 최상의 윤리적 인본주의라면, 초월越이라는 개념이나 윤리적 영성과도 무관하지 않을 것입니다. 고故 토메 팡Thome Fang은 특히 유교를 염두에 두고 다음과 같은 말을 한 적이 있습니다. "중국 영성의 발전은 윤리 문화의 완성으로 그 정점頂點에 달할 것이다."2) 이 말은 영성이 지닌 윤리적인 성격을 저에게 뚜렷하게 부각시켜 주었습니다.

대승불교의 보살 이념 역시 저에게 영성의 윤리적 차원을 상기시켜 주었습니다. 보살은 고난 받는 중생을 모두 제도濟度하기까지 결코 열반에 들지 않겠노라고 서원합니다. 이와 같은 이념은 오로지 자기 자신의 영적인 개화開化에만 전념하는 소승불교의 아라한 개념을 보완하기 위한 것입니다. 저는 이념에 관한 이야기만으로는 만족할 수 없고, 윤리적인 가치들이 실제로 구현되는 모습을 보기를 원합니다.

한번은 제가 어느 사원에서 열린 방생放生 집회를 구경하고 나서, 거기에 있는 여승에게 그와 같은 의식이 오늘날의 사람들에게 어떠한 실제적인 의미를 지닐 수 있느냐고 물은 적이 있습니다. 그 여승은 처음에는 그 의식이 단지 상징적인 의미를 지닐 뿐 이라고 대답했습니다. 하지만 우리의 대화가 진행되면서, 불교도는 그 의식이 시사하는 바와 같이 목숨 있는 중생들을 속박으로부터 자유롭게 해 주겠다는 태세를 언제나 갖춘 상태에서 살아가야 한다는 사실을 인식하게 되었습니다.

또 한 번은 어느 스님과 팔정도八正道에 관한 이야기를 나누는 가운데, 정견正見·정언正言·정업正業 등에 관하여 진지한 자세로 설명하는 그의 태도에 깊은 감명을 받은 적이 있습니다. 그 스님은 정업이 자신의 윤리성을 향상시켜 주기를 기대하면서, 다른 사람들에게서도 그와 같은 일을 희망하고 있었습니다. 나아가 그는 오늘날의 승가僧伽가 도덕성을 결여하고 있는 현실을 개탄해 마지않았습니다.

---

2) Thome H. Fang, 『The Chinese View of Life』, Hong Kong, Union Press, 1969, pp.42-43

사회적 정의는 결코 하나님의 사랑과 분리될 수 없습니다. 구약의 예언자들이 그토록 열렬하게 사회적 정의를 주창한 것도 바로 이와 같은 이유에서였습니다. 도교나 불교에서는 사회적 정의가 비교적 뚜렷하게 강조되어 있지 않고, 유교의 윤리적 가르침에 암시 되어 있기는 하나 좀 더 분명하게 계발될 여지가 너무나도 많습니다. 한편, 그리스도인은 사회적 정의라는 문제를 망각할 때가 자주 있었습니다. 저 자신의 경우에는, 자본주의에 대한 마르크스주의자들의 비평에 접하게 된 것이 사회적 정의의 긴급성에 대한 새로운 이해의 계기가 되었고, 사회적인 현실에 대한 직접적인 체험도 이 분야에서 커다란 도움이 되었습니다. 저는 지금, 사회적 정의에 무감각한 영성은 필연적으로 시들어 갈 수 밖에 없다는 것을 그 어느 때보다도 강하게 느끼고 있습니다. 사회적 정의는 결코 말이나 생각의 차원에 머물 수 없습니다. 거기에는 반드시 행동, 때로는 집단적인 행동이 수반되어야 합니다. 비록 영성이 명상이나 기도와 같은 맥락에서 논의될 때가 많기는 하지만, 저는 방금 사회적 정의가 영성 생활의 필수적인 차원이라는 사실을 지적했습니다. 그러면 명상과 행동은 과연 어디에서 접촉점을 이룰 수 있겠습니까? 실제로 명상과 행동이라는 문구를 마치 한 단어처럼 말하는 사람들이 점차로 많아지고 있는 것이 오늘날의 현실입니다. 저는 분명한 목표의식도 없이 사방으로 분주하게 뛰어다니는 사람에게서 명상적인 기질을 발견합니다. 제가 명상적인 삶에 매력을 느끼는 까닭은 침묵 속에서 하나님과 함께할 수 있는 시간을 가질 수 있을뿐더러, 영적인 지혜를 관조하면서 성장시킬 수 있기 때문입니다. 하지만 어떠한 의도와 목표를 가지고서도 번잡한 세상사로부터 완전히 벗어날 수 있는 사람은 극히 드뭅니다.

실제로, 불의와 압제와 착취라는 사회적 현실에 직면할 경우, 우리는 잠자코 앉아 있을 수만 없으며 사람들의 고통을 덜어주기 위해서 무엇이든 하여야 한다는 책임감을 느끼게 될 것입니다.

사상과 행동의 일치라는 주제는 중국의 사상사에 자주 등장하는 주제입니다. 그것은 특히 유교 사상에 의해 강화된 중국 문화의 규범들 가운데 하나로, 교육받은 사람들이 대중의 복지를 책임져야 한다는 사고방식입니다. 물론, 이와 같은 규범과 이상이 현실로 구현되는 경우는 극히 드뭅니다. 그렇다고 해서 경솔하게 무시할 일도 아닙니다. 저는 그러한 이상을 현실 세계에 접목시키는 문제를 놓고 고민할 때가 많습니다. 예를 들어, 저는 신유교주의 철학자 왕양명(1472-1529)의 사상에서, 이 문제에 대하여 인식론적·윤리적·형이상학적으로 접근하는 번뜩이는 통찰력을 발견하곤 합니다.

제가 여기서 다루고자 하는 또 하나의 주제는, 현대 사회가 직면하고 있는 생태학적 위기입니다. 노자의 가르침과 도교의 영향을 받은 산수화들은 제가 자연과의 친화 감각을 회복하는데 많은 도움을 주었습니다. 그 결과 이제 좀 더 높은 차원에서 창조에 관한 성경의 교리에 접근할 수 있게 되었습니다. 하지만 창조 질서와 관련하여 한 개인의 온전함을 회복하는 일과, 하나님의 뜻에 합당하게끔 생활환경을 개선하기 위하여 과학과 기술과 인간 자원을 동원하여 현재의 생물학적 위기를 극복하는 일은 전혀 별개의 일입니다. 어떻게 하면 하나님의 은총 속에서 그분의 뜻에 합당한 물질적·인간적 세계를 이룩해 나갈 수 있느냐 하는 문제는, 오늘날의 영성에 대한 우리의 탐구에 있어서 또 하나의 중요한 연구 과제라고 할 수 있습니다.

지금 저는 중국의 종교적·문화적 전통을 아주 편안한 마음으로 받아들일 수 있습니다. 일반적으로 중국의 철학과 종교는 모든 사물들과의 조화로운 감정을 강조하므로 분열과 불일치를 초래하기 쉬운 서양 문화에 대하여 매우 효과적인 보완책이 될 수 있습니다. 그럼에도 불구하고 중국의 종교성과 지혜는 인류의 타락으로 인해 갈등으로 가득 찬 이 세상에 대처해 나가기에는 어려움이 많습니다. 그리스도교의 전통적인 영성 역시 세상의 냉혹한 현실 앞에서 무기력합니다. 한편, 그리스도교 메시지의 핵심은 하나님이 그리스도 안에서 세상과 화해하셨다는 것입니다. 그리고 십자가는 하나님과 타락한 인류의 화해가 이루어지는 중심점입니다. 그러므로 우리는 십자가에서 우리의 영성을 발견해야 합니다. 실제로 하나님의 창조사역으로부터 당신의 백성과 맺으신 언약에 이르기까지, 그리고 구약 예언자들의 선포로부터 예수님의 생애와 가르침과 죽음과 부활에 이르기까지 성경의 모든 계시가 저에게는 생명력 넘치는 영성의 보고寶庫입니다.

# 새로운 영성 세계의 발견

메리 오드리스콜<sup>Mary O' Driscoll</sup>

메리 오드리스콜은, "이웃종교의 수행 방법에 대한 저의
관심과 그로 인해 제가 누릴 수 있었던 풍성한 영성의 세계
는, 제가 지금까지 여러 곳에서 겪었던 다양한 체험의 결과
입니다"라고 말하고 있다. 아일랜드에서 태어난 그녀는 이
웃종교인들과의 접촉이 전혀 없이 자라났다. 그리고 아일랜
드에 유대인 공동체가 있다는 사실을 알고 있었음에도 불구
하고, 그들과의 접촉을 시도한 적도 없었다. 하지만 일단 이
웃종교에 접하게 된 그녀는 엄청나게 풍요로운 영성의 세계
를 발견할 수 있었다.

아일랜드 출신인 저는 십대 시절에도 이웃종교나 이웃종교를 믿는
사람들과의 접촉이 전혀 없었습니다. 그리고 아일랜드에 소수의 유

대인 공동체가 있었음에도 불구하고, 그들과의 접촉을 시도한 적도 없습니다. 더구나 불교도, 힌두교도, 이슬람교도라는 말이 저에게는 거의 생소한 단어처럼 들리곤 했습니다.

제가 처음으로 이웃종교에 접하게 된 것은, 도미니코 종단 소속 선교사로 남아프리카에 파송되었을 때입니다. 그곳에서 저는 흑인들 및 이슬람교도들과 밀접한 관계 속에서 함께 일했습니다. 하지만 그들은 자신들의 종교 세계에 깊숙이 파묻혀 살아가면서, 그리스도교 신앙을 받아들이려고 하지 않았습니다. 저는 15년을 아프리카에서 지내면서, 그곳의 이웃종교인들과의 접촉을 통해 많은 것을 배울 수 있었습니다. 그리고 그것은 지금까지도 저의 영성을 풍요롭게 해 주는 중요한 원천이 되고 있습니다.

제가 남아프리카를 떠난 1975년 이후로, 저는 다행스럽게도 영성과 에큐메니칼 운동 분야에서 일하면서 세계 곳곳을 찾아다니며 이웃종교인들을 다양하게 만날 수 있었습니다. 저는 그들을 만날 때마다 많은 교훈과 도움을 받을 수 있었으며, 그러한 종류의 종교간 대화와 접촉은 어떠한 형태로든 저의 영성에 자양분 역할을 했습니다. 예를 들어, 터키와 인도네시아와 아프리카의 이슬람교도들, 그리고 태국과 인도네시아와 미국의 불교도들과의 만남이 바로 그것이었습니다.

이러한 종교인들과의 실제적인 접촉을 통해 제가 얻을 수 있었던 통찰력과 이해 외에도, 저는 14세기 독일의 신비주의자 마이스터 에크하르트Meister Eckhart에 관한 연구와 강의를 통해 아시아의 위대한 종교 전통, 특히 불교에 대하여 더욱 깊은 통찰력을 얻을 수 있었습니다. 그는 저와 마찬가지로 도미니크 종단 소속이었고, 제가 가장 잘 알고 있는 서양 영성의 시대에 속해 있었습니다. 더구나 그는 제가 해마다 가르치는 한두 과목의 강좌에 거의 예외 없이 등장하곤 합니다. 서양의 신비주의자들 가운데서도 마이스터 에크하르트의 사상이 불교 경전에 나타나 있는 핵심 사상에 가장 가깝다는 사실이 일반적으로 인정되고 있습니다. 에크하르트의 저서들이 불교의 가르침에 대한 저의 통찰력에 크게 도움이 되었던 것과 마찬가지로, 불교 경전들은 에크하르트에 대한 저의 이해에 도움이 될 때가 많았습니다. 이것이 저에게는 단순히 지적인 차원에만 머물지 않고, 제가 그리스도교와 도미니칸 영성을 구체적 삶 속에서 구현해 나가는 일에 커다란 도움이 되었습니다. 또 한 사람의 14세기 도미니크 종단 소속 신비주의자 시에나의 캐서린Catherine of Siena의 영성은 저에게 매우 편안한 느낌을 갖게 해 줍니다. 그녀의 저서들은 불교의 명상 수행에 대한 저의 이해는 물론이거니와 그 방법의 실제적인 적용 면에서도 매우 훌륭한 지침이 되었습니다. 그러므로 이제 저 자신에 관한 짤막한 개인 소개를 마치고, 이 글의 중심 주제인 '어떻게 우리는 이웃종교의 수행 방법을 그리스도교의 영성수련에 적용할 수 있겠는가'라는 문제에 접근해 보도록 하겠습니다.

첫째로, 저는 불교에 대한 저의 지식과 체험이 기도 생활에 엄청난 영향을 미쳤다는 사실을 밝히고자 합니다. 저에게는 '반半 연화좌蓮花座' 자세야말로 마음을 가라앉히고 기도를 시작할 수 있는 가장 적합한 자세라고 할 수 있습니다. 여기서 제가 '반연화좌'라는 표현을 사용한 까닭은, 제가 '완벽한 연화좌' 자세를 취할 수 없기 때문입니다. 하지만 저는 제가 기도할 때의 실제 상황에 따라, 어떻게 해서든 비교적 완벽한 자세를 취하려고 노력합니다. 이 자세는 제가 기도할 때마다 찾아오기 쉬운 두 가지 그릇된 상태를 피할 수 있게 해 줍니다. 첫째, 너무나도 편안한 자세를 취함으로써 몽롱하거나 졸리는 상태에 빠지는 것을 막아 줍니다. 둘째, 너무나도 불편한 자세를 취함으로써 몸의 불편함 외에는 다른 생각을 할 수 없게 해 줍니다. 이와는 대조적으로, '반 연화좌 자세'는 이완된 상태에서도 깨어 있을 수 있게 해 주므로 저에게는 가장 자유로운 기도 자세라고 할 수 있습니다.

일단 이 자세를 취하고 나면, 저는 저의 몸과 육체적 감각, 현재 제가 느끼는 감정, 그리고 저의 마음속에 떠오르는 각종 상념들 을 지켜보면서 저의 내면 깊숙한 곳으로 침잠해 들어가려고 노력합니다. 저는 그것들 가운데 그 어느 것도 조종하거나 판단할 생각을 하지 않습니다. 저는 단지 그것들과 함께 머물면서, 이 순간의 저라는 존재의 일부임을 자각할 뿐입니다. 저는 불교적인 자세뿐만이 아니라 현재 이 순간을 충실하게 살아 나가는 불교의 명상기법이 융합된 이 방법이야말로, 기도를 준비한다는 입장에서는 저에게 가장 알맞은 평온한 방법임을 깨닫게 되었습니다. 이 방법은 제가 저의 내면 가장 깊숙한 곳까지 도달함으로써 제 안에 계신 하나님을 인식하는 데에 많은 도움을 주고 있습니다.

시에나의 캐서린은 자신의 내면 깊숙한 곳으로 들어가 자기 존재의 근원에서 하나님을 발견하는 일을 우물을 파는 과정에 비유 하고 있습니다. 그녀는 마치 우리가 우물을 팔 때 땅 속에 흐르는 지하수에 도달하기 위해서는 많은 흙을 파헤쳐야 하듯이, 우리의 내면 가장 깊숙한 곳에서 하나님 안에 있는 우리의 진정한 자아에 도달하기 위해서 분열과 위선으로 가득한 '거짓 자아'라는 흙을 철저히 제거하여야 한다고 합니다. 이처럼 생명수가 있는 곳 - 제 안에 계신 하나님 - 까지 우물을 파 헤쳐 들어가는 방법이 바로 제가 원하는 방법입니다. 이 방법에는 '관계' 요인이 개입된다는 점에서 불교의 참선과는 분명히 다른 면이 있습니다. 그럼에도 불구하고, 근본 원리 면에서는 두 방법이 많은 공통점을 지니고 있습니다. 캐서린은 우리가 하나님 안에 있는 우리의 참된 자아에 도달할 경우에, 우리가 아무것도 아니라는 사실을 깨닫게 된다고 가르칩니다. 실제로, 그녀는 "너는 아무것도 아닌 존재다"라는 하나님의 음성을 듣곤 합니다. 이와 같은 가르침은 불교가 강조하는 무아無我의 개념과 크게 다를 바가 없습니다. 불교도들은 내면의 하나님을 찾는 일이나 사명자로 부르심을 받는 일에 관하여 말하지 않습니다. 하지만 그들도 내면의 부처를 찾거나 부처가 되기 위한 부르심을 받는 일에 관하여는 이야기합니다.

우리의 마음속에 부처가 있으며, 내면의 부처가 진정한 부처다. 마음속에서 부처를 찾지 않으면, 과연 어디에서 진정한 부처를 만날 수 있겠는가? 부처가 네 마음속에 있음을 의심치 말라. 마음을 떠나서는 아무것도 존재할 수 없다.

궁극적으로는 우리와 우리 내면의 부처가 하나임을 설파하는 이상과 같은 불교 경전의 가르침은, 우리 그리스도인이 우리 안에 거하시는 삼위일체 하나님(요 14:23)에 관하여 이야기하는 것이나, 그리스도를 닮아갈 뿐만 아니라 그분과 한 몸이 되어야 한다는(갈 2:20; 3:27) 성경의 가르침과 매우 비슷합니다. 최근에 저는 매우 현실적인 차원에서 이와 같은 불교의 가르침에 접할 기회가 있었습니다. 저는 불교 교리에 대하여 일종의 현대화 작업이 진행 중인, 방콕 근교의 산티 아소케라는 불교 공동체를 방문하고 있었습니다. 그 곳에서는 아무리 주위를 둘러보아도 불상을 전혀 찾아 볼 수 없었습니다. 제가 그 까닭을 물은즉, 사원이나 암자에서 불상을 제거하는 것이, 승려들을 비롯하여 그곳에 사는 모든 사람들이 내면의 부처를 찾는 일에 도움이 된다는 대답이었습니다. 이 체험은 제가 "그런즉 이제는 내가 산 것이 아니요 오직 내 안에 그리스도께서 사신 것이라"<sup>(갈 2:20)</sup>는 사도 바울의 선언을 저의 삶 속에서 구현해 나가는 일에 많은 도움이 되었습니다.

그리스도인으로서 우리는 명상적인 기도를 위해 마음을 고요하게 가라앉혀야 한다는 사실을 잘 알고 있습니다. 저는 불교의 명상 수행법으로부터 마음의 고요함이 얼마나 중요한 것인지에 관하여 많은 것을 배울 수 있었습니다. 그 방법은 수행자로 하여금 평온하면서도 분명한 의식을 가지고 고요하고 청정한 마음의 상태를 유지할 수 있게 해 줍니다. 저 같은 그리스도인에게는 그와 같은 상태가 하나님께 대하여 마음 문이 활짝 열린 상태에 해당될 것입니다. 저는 에크하르트가 내면의 고요함이 얼마나 중요한지를 강조하기 위해서 인용하곤 했던, 『지혜서』 18:14의 다음과 같은 문구에서 많은 감명을 받았습니다. "만물이 아직도 한밤의 부드러운 고요에 감싸여 있을 때, 너의 전능하신 말씀이 하늘에서 내려 오셨다." 에크하르트는 내면의 고요함을 '잠재적인 수용성'이라는 말로 묘사하고 있으며, 아마도 이에 대하여는 불교도들도 쉽사리 동의하리라 생각됩니다.

여기서 저는 마음을 고요하게 가라앉히기 위해서 제가 종종 사용하는 방법을 소개코자 합니다. 그것은 소위 '정적<sup>靜寂</sup>의 사원'이라 불리는 방법으로서 다음과 같은 단계들을 거치며 진행됩니다. 우선 푸른 초목으로 뒤덮인 작은 동산을 머릿속에 그리십시오. 그 가운데로 난 오솔길은 동산 꼭대기에 있는 '정적의 사원'쪽으로 길이 나 있습니다. 그 사원에 당신의 고상하고 빛나는 의식을 쏟아 부으십시오. 이제는 천천히 동산 꼭대기에 올라, 사원 입구에 다가가십시오. '정적의 사원'은 그 기원<sup>起源</sup>을 알 수 없는 끝없는 침묵에 잠겨 있습니다. 당신은 이제 사원 안으로 들어갑니다. 고요하고 평온한 분위기가 당신을 포근히 감싸 줍니다. 당신은 그 침묵 속으로 발길을 옮겨 놓습니다. 당신의 눈앞에 크고 빛나는 둥근 지붕이 나타납니다. 거기서 나는 광채에는 태양빛의 반사와 내부로부터 흘러나오는 빛이 결합되어 있습니다. 빛나는 침묵 속으로 들어가, 거기에 흡수되어 버린다고 상상하십시오. 그 침묵 속에 깊숙이 침잠하십시오. 그리고 그 침묵이 당신의 혈관을 타고 흐르면서 세포 하나하나에 스며든다고 상상하십시오. 침묵에 귀를 기울이며, 그 안에 머무십시오.

제가 마음을 고요하게 가라앉힐 필요가 있을 때마다 도움을 주곤 하는 이 명상법은, 제가 인도네시아의 어느 불교 사원에 잠시 머문 이후로 그 중요성을 더욱 절실하게 느끼게 되었습니다. 자바 중부 요기아카르타에 있는 이 사원은, 제가 지금까지 본 것들 중에 가장 소박한 사원이었습니다. 하지만 그 사원을 온통 에워싼 정적의 분위기는 저의 존재 가장 깊숙한 곳을 꿰뚫으면서, 저를 감싸 어루만지며 빨아들이는 듯한 느낌이 들었습니다. 제가 그 사원을 떠나고 나서도 오랫동안 그곳의 정적이 저를 떠나가지 않았습니다. 지금은 제가 기도를 위한 준비 단계로 앞서 말씀드린 명상법을 사용할 때마다, 자바 중부의 저 작고 고요한 사원이 저의 마음속에 떠올라, 저를 평온하고 고요한 분위기 속으로 데려다 주곤 합니다.

이슬람교 역시 저의 기도생활에 많은 도움이 되었습니다. 제가 이슬람교에서 얻은 가장 중요한 교훈은, 항상 하나님의 임재 속에서 살아가는 것도 중요하지만, 하루 중 특정 시간을 할애하여 하나님 앞에 나아갈 필요가 있다는 것입니다. 이 같은 종교 관행을 어김없이 준수하는 이슬람교들의 신실성은 언제나 저에게 깊은 감명을 느끼게 해 줍니다. 인도네시아를 비롯한 이슬람교국가에는 심지어 식당이나 술집에도 기도실이 있어서, 정해진 시간에 알라 신에게 기도할 수 있게 되어 있습니다. 마치 제가 제 안에 계신 하나님을 향해 기도하듯이, 이슬람교도들은 메카를 향해 기도합니다. 저는 이슬람교의 신비주의를 연구하는 과정에서, 수피즘<sup>Sufism</sup>과 그리스도교 신비주의 사이의 수많은 공통점들을 발견할 수 있었습니다. 수피즘은 그리스도교 신비주의자들이 말하는 것과 똑같은 주제인 '사랑 안에서 자신의 존재를 하나님께 온전히 바치는 것'을 매우 아름답게 표현하고 있습니다. 저는 수피 경전들을 읽을 때마다 마음이 평온해짐은 물론이려니와, 사랑의 하나님께 좀 더 온전하게 헌신할 수 있는 길이 무엇인지를 진지한 자세로 생각해 보곤 합니다.

이번에는 '땅의 영성'이라 불리기에 마땅한 아프리카의 종교에 관하여 말씀드리도록 하겠습니다. 그것은 저에게, 저와 하나님의 만남이 다른 어떤 곳도 아닌 바로 이 땅 위에서 이루어져야 한다는 사실을 일깨워 주곤 합니다. 어느 아프리카인이 기술하듯이, 아프리카의 영성은 '혈血과 육肉의 영성'입니다. 이것이 바로 그리스도교의 성육신 교리에 해당됨은 물론입니다.

제가 이웃종교를 신봉하는 사람들 및 그들의 종교 관행으로부터 풍성한 자양분을 얻을 수 있었던 분야는, 오로지 그리스도교적인 영성을 전제로 한 기도생활 분야뿐만이 아니었습니다. 몇 년 전 저는 어느 독실한 이슬람교도와 장시간에 걸쳐 대화를 나누는 가운데, 이슬람교도들이 연간 수입의 10분의 1을 가난한 사람들을 위해 쓴다는 사실을 알게 되었습니다. 그들은 궁핍한 사람들에게 어떠한 도움을 주든지 간에, 자신이 속한 지역에서 누가 어려움을 처해 있는지 알아 본 다음 아무런 생색도 내지 않고 비밀리에 자선을 베푼다 합니다. 그 이후로 제가 속한 공동체는 이 같은 이슬람교의 관행을 가난한 사람들에 대하여 우리가 행하는 자선 행위의 표준으로 삼아 왔습니다.

　최근에 남아프리카에서는 저와 같은 도미니크 종단 소속의 수녀 한 분이 독방에 감금된 적이 있습니다. 어느 흑인 소년이 단지 흑인 이라는 이유만으로 경찰관에게 얻어맞고 있는 현장을 목격한 그녀 가, 경찰관의 구타 행위를 말리려고 했다는 단 한 가지 이유 때문이 었습니다. 졸지에 그녀는 남아프리카의 감옥에서 신음하고 있는 수 백 명의 정치범들 가운데 하나가 된 것입니다. 만약에 그녀가 감금되 고 나서 몇 주 후 이 사건의 부당성을 알게 된 이슬람교도 변호사들 이 무료로 법정 투쟁을 벌여 주지 않았더라면, 그녀 역시 여러 해 동 안 감옥살이를 할 수 밖에 없었을 것입니다. 남아프리카에서는 이슬 람교도들이 비⁺ 백인non-White으로 분류됩니다. 따라서 그들은 남아프 리카의 인종 차별 정책에 의거하여 2류 시민으로 간주됩니다. 그러 므로 이 이슬람교도 변호사들이 백인 판사 앞에서 백인 여인을 변호 하려고 한 것은 실로 영웅적인 행동이 아닐 수 없었습니다. 결국, 여 러 가지 불리한 여건 속에서도 재판 결과는 그들의 승소로 끝나고, 클레어 수녀는 석방되기에 이릅니다. 이처럼 이슬람교도들이 보여 준 영웅적인 행위는 저를 비롯하여 우리 공동체 전체에 커다란 영향 을 미쳤습니다. 그리고 남아프리카뿐만 아니라 세계 여러 곳에서 벌 어지고 있는 정의를 위한 투쟁에서, 인종과 종교의 장벽을 초월하여 희생을 감수할 줄 아는 담대한 마음을 키워 주었습니다.

　불교가 가르치는 고통 받는 모든 중생에 대한 자비는 저 자신의 자 선 행위를 하찮게 보이게 할 정도로 심오하고도 무차별적입니다. 저 는 불교인들과 접촉하며 그들의 종교 관행을 관찰해 나가는 과정에 서, 저 자신과 얼마나 다르건 간에 사람들에 대하여 훨씬 더 관용적 인 태도를 취할 수 있게 되었습니다. 얼마 전에 저는 두 승려 사이에 다툼이 생겼을 경우, 그 다툼을 해결하기 위해서 어느 불교 사원에서 사용되고 있는 '화해의 일곱 단계'라는 지침을 설명한 기사를 읽은 적이 있습니다. 저는 이 지침이 사회 일반은 물론이려니와 제가 속한 종교 공동체에도 많은 도움이 되리라는 생각이 들었습니다.

1) **얼굴과 얼굴을 마주하고 앉음** : 승려 전원이 모인 앞에서, 다툼이 있는 두 승려가 조용히 대면하고 앉습니다.

2) **문제 상황에 대한 기억** : 두 승려는 분쟁의 원인이 된 상황을 돌이켜 봅니다.

3) **아집을 버림** : 두 승려는 아집을 버리고 기꺼이 화해할 자세를 갖춥니다.

4) **진흙을 짚으로 덮음** : 모든 사람 앞에서, 존경받는 선배 수도승이 두 승려 각자의 입장을 대변해 줍니다. 이는 둘 사이의 갈등을 해소시키기 위한 절차입니다. 이 때 진흙은 분쟁을, 짚은 자비와 다르마<sup>※</sup>를 상징합니다.

5) **자발적인 고백** : 두 승려는 자신의 허물 한두 가지를 겸손한 자세로 고백합니다.

6) **만장일치에 의한 결정** : 그 자리에 모인 사람들은 만장일치 방법에 의해, 화해를 위한 최선의 방법을 결정합니다.

7) **결정을 받아들임** : 두 승려는 이상과 같은 과정을 거쳐 결정된 사항을 받아들입니다.

아마도 저의 그리스도교적인 영성이 이웃종교의 영성에 의해 가장 큰 영향을 받은 분야는, 복음서에서도 강조되고 있는 무소유無所有의 이념일 것입니다. 불교 수행의 가르침은 재물에 대한 집착과 소유욕을 버려야만 참된 깨달음에 도달할 수 있다는 사실을 강조합니다.

그러므로 분에 넘치는 축재욕<sup>蓄財慾</sup>이나 인간을 파멸로 이끌어 가는 탐욕에 대하여 매우 훌륭한 처방이 될 수 있습니다. 나아가 그 가르침은 물질에 대한 집착이야말로 열반에 이르는 길을 가로막는 가장 큰 장애물임을 강조합니다. 물론, 이 모든 것들은 복음서에 기록된 예수님의 가르침과 일치합니다. 우리는 물질에서 행복을 찾으려고 하는 마음이나 소유욕을 버리고 기본적인 욕구의 충족으로 만족하려는 권면의 말씀을 성경 도처에서 발견할 수 있습니다<sup>(마6:19-34; 눅10:41-42; 12:16-21 참조)</sup>.

제가 방콕 외곽의 산티 아소케 불교 공동체를 방문했을 때 가장 인상 깊었던 점은, 승려들뿐만 아니라 방콕의 고위 공직자 한 사람을 포함하여 그 공동체의 모든 구성원들이 지극히 소박한 삶을 살아가고 있다는 사실이었습니다. 그들은 자신들의 소유를 누구에게나 아낌없이 나누어 줄 줄 아는 사람들입니다. 그들이 가족들과 함께 또는 혼자서 생활하는 오두막집은 작고 보잘 것 없으며, 가재도구도 단출하기 이를 데 없습니다. 공동으로 명상 수행을 하는 장소도 커다란 사원이 아니라, 지붕만 있는 창고처럼 생긴 건물입니다. 그들은 하루에 한 끼씩만, 그것도 아주 소박하게 식사를 합니다. 하지만 남녀노소를 불문하고 언제나 기쁨에 넘쳐 있는 모습이 매우 인상적이었습니다. 이 모든 것들은 저로 하여금 『사도행전』에 묘사된 초대교회 그리스도인들이 살아가는 모습을 연상케 했으며<sup>(2:44-47; 4:3435)</sup>, 소박한 삶을 통해 좀 더 나은 복음의 증인이 되어야겠다는 결심을 하게 만들었습니다. 이러한 일들이 도미니크 종단 소속인 저에게 매우 특별한 의미를 지니고 있습니다. 성 도미니크는 구원의 기쁜 소식을 전파하기 위해서 이 종단을 설립했습니다. 그는 자신을 따르는 사람들에게, 소유에 얽매이지 말고 자유롭게 이곳저곳을 떠돌며 복음을 전파하라고 가르쳤습니다. 저는 산티 아소케 공동체를 방문 했던 일로부터 그와 같은 소명을 실천해 나갈 수 있는 용기를 얻을 수 있었습니다. 분명한 차이점에도 불구하고, 우리 불교인, 이슬람교도, 아프리카인, 그리스도인은 대단히 많은 공통점을 지니고 있습니다. 우리는 이웃들의 가르침과 종교 관행에 대하여 서로의 마음 문을 활짝 열게 됨으로써, 각자의 영성을 삶으로 구현하는 문제에 많은 도움을 주고받을 수 있을 것입니다.

# 그리스도교-불교-마르크시즘 사이의 대화

요한 데바난다<sup>Yohan Devananda</sup>

영성수련이란 단순히 자기 자신과 다른 사람에 대한 인식을 심화시키기 위해서 기도, 명상, 요가 같은 수행 기법들을 사용하는 것만을 가리키지 않는다. 우리 모임의 목적이 비록 종교 간의 장벽을 넘어서서 이웃종교의 영성수련 방법들을 원용하는 데에 따르는 문제점을 발견하는 것이었지만, 영성에 대한 우리의 이해 저변에는 세계의 역사적 현실에 참여하는 일이 얼마나 중요한지에 대한 공통의 인식이 자리 잡고 있었다. 우리의 모임에서는, 영성 생활이 성숙해질수록 세상의 온갖 문제에 대한 인식에 깊이를 더해 가면서, 이웃종교인들과 힘을 합쳐 곤경에 처한 사람들을 돕는 일에 앞장서게 된다는 사실을 여러 차례에 걸쳐 거론했다. 우리

는 이웃종교의 영적 전통에 속한 순례의 벗들이 우리와 똑
같은 정의와 평화에 대한 관심을 나타내고 있다는 사실을
발견할 때가 많았다. 그리스도교, 불교, 마르크시즘 사이의
대화를 지향하는 스리랑카의 공동체 데바사라나에서 우리
모임에 온 요한 데바난다는 자신들이 공통의 문제와 쟁점들
을 둘러싸고 함께 일하며 투쟁하는 과정에서 생겨나는 새로
운 형태의 영성에 관하여 증언하였다. 우리는 쿄토에서 열
린 예배 모임에서 소위 '신세계 기도문'New World Liturgy을 사
용했는데, 이는 데바사라나 공동체가 여러 종교 전통의 찬
송과 경전과 저술들에서 발췌하여 개발한 기도문이었다. 요
한 데바난다의 체험은 이 모임에 참석한 사람들에게, 영성
은 결코 행동과 사회적 변혁으로부터 분리될 수 없다는 확
신을 심어 주기에 충분했다.

데바사라나 공동체가 형성되기까지에는 수많은 사람들과 단체들
과 종교 전통의 밑받침이 필요했습니다. 하지만 하나님의 섭리와 다
르마 에 따라 오늘의 데바사라나가 존재하는 것은, 스리랑카의 토양
과 문화에 뿌리를 박고 이곳 사람들과 더불어 꾸준히 대화와 사회 운
동을 전개해 온 사람들이 있었기 때문입니다.


# 1. 공동체의 뿌리

처음부터 수도원적인 성격을 띠고 세워진 이 공동체는 그리스도교
를 비롯한 여러 고대 종교의 영성을 흡수하였습니다. 그리고 그리스
도교적 영성의 측면에서는 사막의 성 안토니St. Anthony of the desert와 성 베

네딕트 St. Benedict 같은 개척자들의 영성이 주축을 이루었습니다. 성 안토니는 전적으로 세상을 등지는 일에 관하여 다음과 같이 말했습니다. "세상을 등졌다고 해서 무언가 대단한 것을 포기했다고 생각할 필요는 없다. 광대무변한 하늘에 비하면 이 세상은 한낱 티끌에 불과하기 때문이다." 한편, 성 베네딕트는 기도와 공부와 손으로 하는 노동을 균형 있게 조직화하여 규칙화한 위대한 조직가였습니다.

## 2. '아쉬라마'와 '아라마' 전통

다음으로는 '아쉬라마 Ashrama'와 '아라마' 전통이[1] 데바사라나 공동체의 영적인 근간을 이루고 있습니다. 인도인들은 집중적인 영성수련이나 신적인 능력의 체험, 또는 엄격한 자제력과 수행 과정을 수반하는 불교적인 방법을 통해 깨달음과 마음의 해방을 목표로 하는 궁극적인 실재를 추구합니다. 그리스도인은 이와 같은 영성 전통과의 지속적인 대화와 교류를 통해 자신들의 영성에 새로움과 깊이를 더할 수 있을 것입니다. 지금까지는 그리스도교 전통이 오늘날의 서구적인 전통과 결합됨으로써 그 본래의 모습이 희석되면서 세상 쪽으로 기울어져 왔습니다. 이렇게 볼 때, 모든 종교에 공통된 '창조적인 포기'라는 주제는, 물질주의가 팽배하는 세상에서 참된 가치들을 되살릴 수 있는 매우 훌륭한 처방이 될 수 있을 것입니다.

---

1) 쉬라마다'라는 파생어의 원어인 '스라마'는 필수적인 행동을 의미하며, '아쉬라마'라는 말에는 그와 같은 행위의 필수성을 강조하는 의미가 내포되어 있다. '람'이라는 말은 신비스러운 환희의 감정을 의미하고, '아람'은 그와 같은 감정이 극에 달한 상태를 가리킨다. '아라마'라는 말은 원래, 수도사들이 휴식을 취하거나 기분전환을 할 수 있는 정원을 의미했다.

이탈리아의 제수이트 종단 소속 로베르토 드노빌리Roberto D'Nobili는 17세기에 인도 남부에 그리스도교 아쉬람을 설립함으로써 동양과 서양의 전통을 접목시키려고 시도했습니다. 결국 이 같은 시도는 교회 당국자들의 훼방으로 인해 드노빌리 생전에 좌절되고 말았습니다. 그럼에도 불구하고 그것이 당시의 교회에 끼친 영향은 괄목할 만한 것이었으며, 오늘날에 이르러서는 여전히 이 분야에 있어서 영감의 근원 역할을 하고 있습니다.

그 후 20세기에 접어들면서 이러한 사상이 다시 고개를 들기 시작했고, 벵갈 지방 브라만婆羅門 출신의 그리스도인 브라마반답 우파디야야는 인도 북부 나르바다 강변에 그리스도교 아쉬람을 설립했습니다. 그는 그리스도교의 계시가 인도 토양에 뿌리를 내릴 수만 있다면 훨씬 더 새로운 조화와 아름다움을 지닐 수 있을 것이라고 예언한 적이 있습니다. 결국 그는 인도의 자유화 운동에 적극적으로 참여하다가 옥사하고 말았지만, 그가 자신의 삶과 사역을 통해 우리에게 보여준 본보기는 여전히 살아 숨 쉬고 있습니다.

이어서 1915년에 제수다산Jesudasan 박사와 페이튼Paton 박사가 인도 남부 티루파르트에 크리스타 쿨라 아쉬람을 설립 한 이후로 30여 년 동안, 인도에는 이와 비슷한 성격의 아쉬람들이 곳곳에 세워졌습니다. 그리스도교 아쉬람 운동은 인도 교회의 토착화에 있어서 선구적인 역할을 담당해 왔습니다. 스리랑카에서는 세박 셀바라트남이 이 운동의 선봉에 섰습니다. 그는 1939년, 힌두교가 지배적인 위치를 차지하는 스리랑카 북부 춘나캄에 크리스타 세바 아쉬람을 세웠습니다.

'데바사라나'는 이 모든 것들을 이어받은 공동체입니다. 중세의 어느 그리스도교 신학자가 자랑스럽게 말했듯이, "우리는 비록 난쟁이지만 거인들의 어깨 위에 서 있습니다." 성경은 우리에게 이렇게 명하고 있습니다. "너희를 떠 낸 반석과 너희를 파낸 우묵한 구덩이를 생각하여 보라"[(사 51:1)], 데바사라나 운동은 1957년 헤야 디웰라에 데바사라나라마야의 설립을 기점으로 본격화되었습니다. 이 공동체가 이바가무와의 현재 위치로 옮겨 온 것은 1960년의 일이었습니다. 스리랑카 북서부에 자리 잡은 이곳은, 불교가 매우 활발한 움직임을 보이는 곳이자 영국 성공회의 쿠루네갈라 교구에 속한 곳이기도 합니다.

'아라마야'라는 개념은, 교회가 여전히 서구화되고 영어를 사용하는 도시인 엘리트들을 중심으로 움직이고 있고, 본토어를 사용하는 시골 사람들과는 너무나도 거리가 멀다는 인식을 배경으로 하고 있습니다. 데바난다는 이처럼 교회로부터 소외된 계층에 속해 있었습니다. 앞에서 잠시 말씀드린 바와 같이, 인도에서는 비록 교회의 토착화 운동이 전개되고 있기는 했지만, 그 잠재력을 좀 더 본격적으로 구현하기 위해서는 많은 노력이 필요한 실정이었습니다.

공동체가 헤바디웰라에서 이바가무와로 옮겨 가기에 앞서, 데바난다는 인도의 아쉬람과 성소(聖所)들을 탐방하며 1년을 인도에서 보냈습니다. 이때 그는 고대 인도의 전통으로부터 깊은 감명을 받았습니다. 하지만 가장 오래도록 잊지 못할 일은, 스와미 파라마 아루비 아난담과 스와미 아비식타난다에 의해 1950년대 초에 설립된, 인도 남부 티루치라팔리 근처 쿨리탈라이의 카베리 강변에 있는 사키다난다(샨티바남) 아쉬람을 방문하여 그곳에서 스와미 아비식타난다와 함께 1개월을 지낸 것이었습니다. 그 후에도 그들은 여러 해 동안 서신을 주고받았습니다.

그 공동체가 옮겨 간 이바가무와는 스리랑카 내륙 지방의 외딴 마을입니다. 이곳에서는 불교와 그리스도교의 대화라는 맥락에서 시작된 행동 반성 운동이, 나중에 불교 – 그리스도교 – 마르크시즘 사이의 대화로 발전되어 갔습니다. 하지만 처음 몇 년 동안은 명상 수행을 위주로 공동체가 운영되었습니다. 비록 행동이라는 차원이 강조되지 않은 것은 아니지만, 그것은 주로 그 마을의 풍토에 뿌리를 내리고 마을 사람들의 생활양식에 적응하는 일에 국한되었습니다. 그러므로 데바사라나는 동양과 서양의 여러 종교로부터 받아들인 기도와 금욕적인 수행을 중심으로 출발된 공동체였습니다.


## 3. 민중의 편에 서서

하지만 그 마을 사람들과 같은 방식으로 어울려 살기 위해서는, 그 지방 사람들의 공통적으로 겪는 어려움에 동참할 수밖에 없었습니다. 그와 같은 어려움은 1960년대 말에 접어들면서 녹색 혁명의 실패와 함께 더욱 두드러지게 나타났습니다. 더구나 각종 개발사업과 관련하여 빈익빈 부익부 현상이 심화되면서, 갈등 상황이 더욱 심각한 모습을 띠게 되었습니다. 당시의 농촌이 겪고 있던 문제들 가운데에는 영세농, 또는 소작농과 관련된 문제가 대부분이었습니다. 그들은 과거에 거대한 저수지들을 축조하기도 했고, 위대한 문명의 모태가 된 매우 인상적인 사원들을 건축하기도 했습니다. 하지만 오늘날에도 여전히 스리랑카의 뼈대를 이루고 있는 농민들은 신식민지주의 경제·사회 체제의 소비주의와 무력(武力)주의 그리고 문화적 침략에 맞서, 생존을 위한 필사적인 투쟁을 전개하고 있습니다.

특히 스리랑카의 젊은이들이 이러한 문제들에 대하여 목소리를 높이기 시작했고, 그것으로 인해 우리는 매우 심각한 곤경에 처하게 되었습니다. 그들이 결코 불교와 그리스도교의 대화가 무언가 새롭고도 가치 있는 일임을 부인할 정도로 무지하지는 않았습니다. 하지만 그와 같은 대화가 그들이 처한 절박한 상황에 걸맞지 않는다는 사실은 심각한 문제가 아닐 수 없었습니다. 그래서 데바사라나 공동체는 젊은이들에게, 그와 같은 대화가 의미 있는 대화가 될 수 있도록 그들 스스로 계획을 세워 보라고 요청했습니다. 그들은 실업失業 문제를 심도 있게 파헤친 다음, 그 대책에 관하여 논의해 보자고 했습니다.

마침내 1969년, 그들의 주관 하에 실업에 관한 매우 기억할 만한 세미나가 1박 2일에 걸쳐 열리게 되었습니다. 성경과 불경의 구절들을 낭송하는 것으로 시작된 이 세미나에서는, 어느 비구스님과 목사님 사이의 대화 형태를 띤 설교에 이어 성찬식이 거행되었습니다. 다음에는 소그룹 토의를 비롯하여 매우 활발하고도 진지한 토론이 진행되었습니다. 결국 이 세미나에서는 실업 문제 해결을 위해서는 토지개혁이 필요하다는 결론이 내려졌습니다.

그리고 1970년에는 '토지개혁을 위한 인민 위원회'People's Committee for Land Reform가 결성되고, 곧이어 세 차례에 걸친 토지개혁에 관한 세미나가 데바사라나라마야와 이바가무와 마디아 마하 비디알리야, 그리고 데헬가무와 사원에서 차례로 열렸습니다. 거기서는 토지개혁에 관한 서적 목록이 배포되었고, 이 주제를 놓고 진지한 연구와 토의가 진행되었습니다.

## 4. 『격동하는 랑카』

1971년 4월 싱할라 타밀 신년 축제 기간에 데바사라나라마야에서 네 번째 세미나가 열리려고 할 즈음 JVP Janatha Vimukti Peramuna가 주도

한 폭동이 일어났습니다. 이 폭동은 결국 외국 여러 나라의 지원을 받은 스리랑카 정부에 의해 진압되었습니다. JVP는 아직은 미성숙한 청년 운동이었으므로, 올바른 정치 이론과 행동에 관한 기본적인 원칙이 결여되어 있었을 가능성이 매우 큽니다. 하지만 우리는 그 운동을 비난할 수만은 없습니다. 사회적 불안의 근본 원인과 그것에 의해 피해를 입은 사람들의 입장을 그들과 눈높이를 같이하여 이해하여야 함은 물론, 그와 같은 문제들을 해결 하는 데 필요한 사회적 변화를 초래할 수 있는 구체적인 행동을 취해야 합니다. 당시에 데바사라나가 출간한 『격동하는 랑카』라는 책은 바로 이와 같은 점을 지적코자 했습니다.

당시의 정황이 불안정했음에도 불구하고, 데바사라나 공동체는 자신들에게 맡겨진 과업을 충실하게 수행해 나갔습니다. 1971년 6월 11일 성 바나바의 날^St. Barnaba's Day에는 아라마야 부지 위에 데바사라나 협동농장이 세워졌습니다. 하지만 자본주의 사회에서는 협동농장이라는 개념을 받아들이기 어려웠기 때문에, 나중에 이 계획은 약간의 수정을 받을 수밖에 없었습니다. 그럼에도 수많은 실패와 성공을 거쳐, 데바사라나는 이 집단농장 실험을 통해 진정한 공동체 건설에 관하여 매우 귀중한 교훈을 얻을 수 있었습니다. 그리고 새로운 공동생활 형태와 새로운 생산 관계, 예배양식, 그리고 새로운 리더십 형태를 꾸준히 계발해 나갔습니다. 여기서는 개인의 창의성을 억압하는 것이 아니라, 공동의 유익을 위해 그것이 최대한도로 발휘되게끔 하는 것을 공동생활의 가장 기본적인 원칙으로 삼고 있습니다.

## 5. 운동 지향성

집단농장은 그 자체로서 목적이 아니라, 농민들의 조직 속으로 파고들기 위한 수단에 불과했습니다. 따라서 농민 운동이 주요 관심사였습니다. 데바사라나는 농장, 신용금고, 진료소, 소규모 가공업체, 유아원 등 다양한 종류의 사업을 지원하거나 자체적으로 운영했습니다. 하지만 데바사라나는 사업 지향성이 아니라 운동 지향성을 근본 성격으로 하고 있습니다. 그러므로 역사적인 상황 속에서 개발, 정의, 자유를 위한 운동이 끊임없이 일어날 수밖에 없다는 사실을 인정하면서 거기에 참여하려고 노력합니다. 불교 -그리스도교- 마르크시즘의 대화는 바로 그와 같은 참여를 전제로 한 것입니다. 그것은 결코 탁상공론이나 추상적인 이론 놀음이 아닙니다. 그것은 어디까지나 정의를 위한 투쟁에 참여한 사람들이 전개해 놓은 대화의 장(場)입니다. 그러므로 힘을 합쳐서 공동의 목표를 위해 싸워 온 사람들의, 종교와 이데올로그를 초월한 살아 있는 대화라고 할 수 있습니다.

여기서 우리는 혼합<sup>syncretism</sup>과 융합<sup>integration</sup>을 구별할 필요가 있습니다. 혼합이란2) 방향성이 다르거나 서로 대립관계에 있기 때문에 필연적으로 혼란과 부조화를 초래할 수밖에 없는 요인들을 뒤섞어 놓은 것을 말합니다. 한편, 융합이란 다양한 전통과 개체들이 각자의 주체성을 잃지 않은 채로 서로를 풍요롭게 하면서 조화롭게 어울리는 것을 가리킵니다. 이는 또한 다양성 속에서 일치성을 추구함으로써 창조적인 행동을 창출해 내는 과정이자, 오늘날 전 세계에 산재해

---

2) 일부 신학자들은 창조적인 의미의 '융합'(integration)이라는 뜻으로 이 '혼합주의'(syncretism)라는 말을 사용하고 있다. 하지만 본문에 제시된 바와 같은 의미로 사용되는 것이 보다 일반적이다.

있는 그리스도인이 다른 종교와 사상을 지닌 사람들과 함께 일하며 살아가는 과정에서 발견하게 되는 새로운 에큐메니즘 또는 좀 더 폭넓은 에큐메니즘의 일부이기도 합니다.

## 6. 새로운 세계의 예배 양식

우리는 공동의 투쟁을 전개해 나가는 과정에서 여러 가지 심각한 어려움과 장애물에 부딪히게 마련입니다. 민중 해방을 위한 투쟁의 최전방에서 싸우고 있는 사람들에게 용기와 힘을 불어 넣어 줄 수 없는 전통적인 예배 의식에 대한 환멸감, 권력의 무자비한 공세 앞에서 무력감을 느낀 나머지 분열로 치닫는 경향 등이 그것입니다. 이 같은 문제들에 직면한 데바사라나 공동체는 모든 정신적·영적 자원을 결집시키고 새롭게 할 필요를 느꼈습니다. 이러한 과정에서 고통과 기쁨, 그리고 고독감과 연대감이 교차되는 가운데 하나의 새로운 세계의 예배 양식<sub>싱할라 말로는 '나바 로 반다나'라고 함</sub>이 태어나게 되었습니다. 이는 헌신적인 자세를 지닌 사람이라면 누구나 참여할 수 있는, 세계의 주요 종교와 사상들을 바탕으로 한 예배 양식으로, 언제나 개발, 정의, 해방을 공통의 주제로 하고 있습니다.

## 7. 교회의 전통

이러한 모든 탐구와 모험에서 우리의 안내자이자 상담자이며 친구 역할을 해 주신 분이 바로 락쉬만<sup>Lakshman</sup> 주교입니다. 그 분은 1962년에 드 멜De Mel 주교의 뒤를 이어 쿠루네갈라의 주교이자 데바사라나 라마야의 지도자가 되었습니다. 21년 동안의 성직자 생활을 통해, 그분은 사회적 현실에 창조적으로 대응해 나가는 가운데 폭과 깊이를 알 수 없는 다르마#의 살아 있는 표본으로 성장해 나갔습니다. 그분은 데바사라나와 매우 돈독한 협력 관계를 유지했습니다. 교회의 일부 계층에서 데바사라나가 하는 일에 대하여 심한 반대가 있을 때마다, 락쉬만 주교가 적절한 중재 역할을 해 주곤 했습니다. 그분이 항상 데바사라나와 의견이 일치한 것은 아닙니다. 하지만 책임감 있는 실험과 비평을 할 수 있는 자유만은 철저하게 인정해 주었습니다. 공동체에 건설적인 긴장 관계가 생길 때마다, 락쉬만 주교는 언제나 그들과 대화를 나누면서 자제시키기도 하고 용기를 북돋워 주기도 했으며, 때로는 충고나 경고의 말을 해 주기도 했습니다. 그분은 '아라마야'와 최상의 교회 전통을 이어주는 연결고리 역할을 했습니다.

교회의 교만과 지배욕, 그리고 부패와 위선을 비판할 때에도, 데바사라나는 언제나 사랑 안에서 진리를 말하는 정신으로 그렇게 하려고 노력했습니다. 또한 공동체 자체의 약점과 허물을 의식하면서, 언제나 교회의 진정한 전통 속에서 영감과 결속력의 근거를 찾으려고 했습니다.


## 8. 민중과 하나가 되어

하지만 근본적으로, 오늘날의 데바사라나는 민중의 문화에 뿌리를 박고 좀 더 나은 인간의 삶을 위한 그들의 투쟁에 동참하면서, 그들 및 그들의 지도자들과 꾸준히 접촉해 온 결실이라고 할 수 있습니다.

거기에는 여러 훌륭한 농민 운동 지도자들의 영향력이 크게 작용했습니다. 오랜 경험에서 오는 그들의 지혜와, 끊임없이 몰아쳐 오는 역경 속에서도 조금도 굴하지 아니하고 민중과 함께 목표를 향해 매진했던 그들의 인내와 끈기는 정말로 놀라운 것이었습니다. 새로이 운동에 참여하기 시작한 젊은 지도자들 역시 강력한 영향력을 행사했습니다. 변화를 갈망하는 그들의 열정, 엄격하고도 소박한 생활양식, 자기 자신과 서로에 대한 엄격한 반성과 비판 의식, 그리고 새로운 접근방법을 기꺼이 배우려는 열린 마음 등은 정의를 위한 고난과 투쟁의 과정에서 그들의 영성을 활짝 꽃피워 놓았습니다.

연령의 고하를 불구하고 광범위하게 전개된 사회 운동에 참여했던 비구스님들에 관한 이야기도 빠뜨릴 수 없습니다. 그들은 민중과 함께 투쟁에 참여하면서 사회 현실에 맞게끔 다르마를 구현했을 뿐 아니라, 그들 스스로 민중문화의 화신(化身)이 됨으로써 본연의 모습을 보여 주었습니다. 데바사라나는 실로 많은 것들을 그들에게 배웠습니다.

마지막으로, 여성의 권리를 회복한다는 문제와 사회 변혁을 위한 민중의 투쟁에 참여한다는 두 가지 문제를 동시에 풀려 했던 여성들이 있었습니다. 그들과 데바사라나의 연합은 데바사라나의 태도와 관점에 엄청난 변화를 일으켰습니다. 그들은 지도력의 형태, 남성들의 농담, 사람들이 사용하는 언어를 비롯하여 거의 모든 것들을 도마 위에 올려놓곤 했습니다. 비록 약간의 고통과 갈등이 뒤따르기는 했지만, 그것이 우리의 인간관계를 자유롭게 하는데 자극제가 되었던 것만큼은 분명한 사실입니다. 이렇게 해서 배움의 과정이 시작되었습니다만 우리가 갈 길은 여전히 멀기만 합니다.

민중 운동의 영역 안에서 서로 밀접한 관계에 있는 두 가지 운동이 있었으니, 소위 인종 갈등의 문제와 민주적·시민적 인권의 문제가 그것이었습니다. 스리랑카의 경제적·사회적 상황이 지속적으로 악화됨에 따라, 이 나라에서 인권 문제는 물론이려니와 인종갈등의 문제까지도 심각하게 비극적인 국면으로 치달아 왔습니다. 이 문제들은 스리랑카의 전반적인 국가 상황과 밀접하게 얽혀져 있으므로 모든 국민, 노동자, 농민, 학생, 종교인 등의 삶에 지대한 영양을 미치고 있었습니다. 이것이 바로 데바사라나가 이러한 문제들에 적극적으로 관여하지 않을 수 없게 된 배경입니다.

## 9. 노동자와 농민들의 투쟁

스리랑카의 민중운동에서 특기할 말한 사건들 가운데 하나는, 1980년에 일어난 노동자들의 총파업을 둘러싼 일련의 사태였습니다. 이 때 파업에 참여한 노동자들은 모조리 일터에서 쫓겨나 실업자가 되었습니다. 그러자 '파업자들을 위한 정의 회복 기구'Organization for Obtaining Justice for Strikers가 발족되었습니다. 이어서 노동자들의 결속을 위한 단체들이 전국 여러 곳에서 결성되고, 실직 노동자들을 구제하기 위한 각종 집회와 시위가 전국적으로 확산되어 나갔습니다.

당시 스리랑카 정부의 농업 정책은 농민들이 경작하던 땅을 대규모로 인수하여 다국적 기업의 손에 맡기자는 방향으로 나아가고 있었습니다. 이 같은 정책으로 인해, 농촌 사회에서는 마을과 마을, 농가와 농가를 방문하며 운동을 벌이는 대규모 농민 탄원 조직이 결성되었습니다. 1982년 9월 콜롬보에서 열린 농민들의 대규모 시위는 바로 이와 같은 농민 운동의 일환이었고, 다국적기업의 사탕수수 농사 독점에 대하여 반기를 들었던 모네라갈라 투쟁 역시 이 운동과의 연속선상에서 일어난 사건이었습니다. 그리고 다시 1982년 국민투표 기간에는 민주적인 권리의 탄압에 항의하여 불교와 그리스도교 지도자들이 '파비디 한다'(성직자들의 목소리) 운동을 일으켰으며, 바로 이 때 스리랑카 대법원은 저 유명한 '파비디 한다' 인권 소송에서 역사적인 평결을 내리게 됩니다. 그밖에도 1985년 말 경에는 '정치범 석방 운동 기구'CROPP, Campaign for Release of Political Prisoners가 결성되었고, 수세稅 문제를 둘러싸고 소요 사태가 계속되었습니다.

당시의 민중 운동은 이러한 운동과 사건들을 중심으로 치열하게 전개되었습니다. 비록 단기적으로는 이 같은 운동들이 성공을 거두는 사례가 드물었지만, 장기적으로는 민중들이 자신들이 처한 상황을 이해하고 변화를 위해 조직력을 갖추는 일에 커다란 밑거름이 되었습니다.

## 10. 공동체 생활의 변화

이처럼 다양한 운동과 사건에 참여하는 과정에서, 데바사라나의 공동체 생활과 조직에는 몇 가지 변화가 일어나기 시작했습니다. 우선, 비록 이 공동체가 처음부터 '새로운 창조'라는 기본 이념을 바탕으로 설립하기는 했어도, 그 생활 방식과 일상적인 관행에는 수도원적이고 은둔적인 색채가 짙었던 것이 사실입니다. 하지만 이 공동체는 사회 참여를 통해, 원래의 원칙과 비전에 충실하면서도 사회의 실제 상황, 특히 가난한 사람들이 처해 있는 곤경에 좀 더 유연성 있게 대처해 나갈 수 있는 새로운 생활 리듬을 탈 줄 알게 되었습니다.

하지만 사회 참여가 활발해질수록 어려움과 문제도 늘어났습니다.

이 같은 상황에 대처하기 위해서는 더욱 새롭고도 심오한 영성의 차원을 계발할 필요가 있었습니다. 그러므로 데바사라나는 온갖 실패와 좌절에도 불구하고, 우리 시대의 영성을 꾸준히 탐구하여 새롭게 형성해 나가야 했습니다.

이와 같은 변화는 공동체의 조직에도 상당한 영향을 미쳤습니다. 종전과는 달리 기혼·미혼을 불구하고 모든 남녀가 데바사라나라마야의 구성원으로 참여할 수 있게 되었고, 이 같은 새로운 상황에 걸맞은 새로운 규칙들이 정립되었습니다. 그래서 지금은 데바사라나에서 가족 단위는 물론이려니와 온갖 계층의 독신 남녀들이 함께 생활하고 있습니다. 그뿐 아니라, 개발 사업을 수행하기 위한 조직인 '데바사라나 개발 센터'DDC, Devasarana Development Centre가 같은 원칙과 전제 하에 설립되었습니다.

구성원들을 중심으로 한 집단적인 지도 체제의 정립은, 데바사라나의 역사가 낳은 매우 자랑스러운 특징들 가운데 하나입니다.

앞서 말씀드린 바와 같이, 이 공동체의 지도층은 원래 상류 엘리트 계층이 주축을 이루었습니다. 물론, 거기에는 장점과 단점이 있었습니다. 일반적으로 그러한 지도체계가 일정한 역사적 기능을 수행했다는 데 대하여는 재론의 여지가 없습니다. 하지만 격변하는 사회 속에서는 그와 같은 지도체제가 파괴적인 결과를 초래하기 쉽습니다. 기본적으로, 대중의 욕구와 동떨어진 결정을 내리게 될 가능성이 매우 크기 때문입니다. 그러므로 데바사라나는 민중들의 투쟁을 모태로 하는 미래 지향적인 지도력 수립을 목표로 했습니다. 그들에게는 지식인이나 전문직업인 계층이 협력자는 될 수 있어도 지도자가 될 수는 없었습니다.

민중에게는 엄청난 재능과 기술이 있습니다. 그뿐 아니라, 그들과 함께 호흡하면서 투쟁을 계속해 나갈 새로운 지도력도 그들 가운데에서 나옵니다. 하지만 그와 같은 지도력에 효과적으로 민중에 봉사할 기회나 능력이 수반되지 않을 때가 많습니다. 그러므로 데바사라나는 바로 이 같은 지도력을 기대하면서, 그 활동을 뒷받침해 주려고 노력하고 있습니다.

## 11. 외부와의 연계 관계

여기서 우리는 데바사라나가 외부 세계와 어떠한 관계를 맺고 있었는지 살펴 볼 필요가 있습니다. 이 문제에 있어서는 토착적인 자원과 가치와 지도력에 굳게 뿌리를 내리는 일이 필수적인 전제 조건입니다. 그뿐 아니라 정책과 의사결정 면에서 독립성이 보장되어야 하며, 결속과 연대감의 중요성에 대한 철저한 인식이 필요합니다. 결속과 연대감은 국내에서는 물론이려니와 국제적인 차원에서도 매우 중요한 의미를 띱니다.

데바사라나 공동체는 주로 세계교회협의회WCC, World Council of Churches 산하 '아시아 지역 친교회'ARF, Asian Regional Fellowship 및 '교회의 개발사업 참여에 관한 협의회'CCP, Commission on the Churches' Participation in Development를 통해 국제사회와 교류하고 있습니다. '아시아 지역 친교회'는 인도, 스리랑카, 타일랜드, 필리핀, 인도네시아, 그리고 한국의 진취적인 단체들이 회원으로 되어 있습니다. 이 기관은 18개국의 단체들을 회원으로 하는 '개발에 관한 아시아 문화 포럼'ACFOD, Asian Cultural Forum on Development 및 '아시아-태평양 경제·사회 협력기구'ESCAP, Economic and Social Commission for Asia and the Pacific와도 긴밀한 협력관계를 맺고 있습니다. 이 두 기구는 모두

UN과 관련되어 있습니다. 한편, CCPD는 앞에서 말씀드린 아시아의 여러 나라들 외에도 남미, 미국, 유럽, 아프리카의 진취적인 단체들 사이의 긴밀한 관계에 크게 기여하고 있습니다.

이들은 상호 방문과 원조, 회의, 세미나, 공동 연구와 훈련 프로그램 등을 통해서 서로의 체험과 자원을 교환합니다. 하지만 그것보다 훨씬 더 중요한 것이 인간적·영적 자원입니다. 예컨대, 압제와 고난의 체험, 불굴의 저항 정신, 변화의 필요성과 그 과정에 대한 이해, 투쟁에 있어서의 동지애와 연대의식 등입니다. 이것들은 새로운 인류와 새로운 사회에 없어서는 안 될 필수적인 요소들입니다. 여기에 덧붙여, 진실한 협력 관계가 매우 중요합니다. 동과 서, 북과 남, 흑과 백, 부자와 빈자, 남자와 여자를 막론하고 서로 간에 주고받으며 가르치고 배우는 관계가 성립되어야만 합니다.

## 12. 폭력과 '아힘사'Ahimsā, 비폭력

비록 여기서 충실하게 다루기에는 너무나도 방대한 주제이기는 해도, 폭력이라는 주제에 관하여 한 말씀 드리지 않을 수가 없습니다. 스리랑카는 세계의 다른 여러 나라들과 마찬가지로 폭력에 의해 엄청난 고통을 당해 왔고, 사회적 변화에는 항상 폭력이 뒤따랐습니다. 폭력 문제에는 우리가 인정하지 않을 수 없는, 어떤 불가피한 현실이 개입될 수도 있습니다. 하지만 그렇다고 해서, 우리가 폭력과 타협해야 한다는 뜻은 결코 아닙니다. '아힘사'는 언제나 우리의 가슴속 가장 깊은 곳에서 우러나오는 간절한 염원이어야 하며, 그것을 위해서라면 몸과 마음을 모두 바칠 각오가 서 있어야 합니다. 하지만 그것이 피동적인 의미에서의 비폭력을 의미하지는 않습니다.

락쉬만 주교는 데바사라나에게, 사랑의 관계를 깨뜨리지 않으면서도 담대하게 불의에 저항하며 압제자에게 추호도 굴하지 않는 역동적인 비폭력을 고취시키곤 했습니다. 물론, 그러기 위해서는 희생과 위기, 그리고 다른 사람들을 위한 고난과 도전을 감수할 줄 알아야 합니다. 그것은 진정으로 아가페적인 사랑을 완성해 나가는 과정이자, 새로운 인류 사회의 형성에 적극적으로 헌신하는 길이기도 합니다. 하지만 그와 같은 비폭력 투쟁이 승리로 끝나더라도, 진정으로 인간적인 삶이 무엇인지 이해하지 못한 채, 그리고 모든 사람을 위하여 좀 더 인간적인 삶의 양식을 구현하지 못한 채라면 그 모든 것들이 허사가 되고 말 것입니다.

## 13. '우리 시대를 위한 영성'

그러므로 우리의 대화는 계속되어야 합니다. 그래야만 유신론적인 종교들 힌두교, 그리스도교 그리고 이슬람교과 불교 철학 그리고 세속적인 인본주의와 마르크시즘이 연합하여 우리 시대를 위한 영성을 함께 추구할 수 있을 것입니다. 우리의 대화는 고대로부터 전해져 내려오는 진리에 뿌리내려야 하지만, 급변하는 상황 속에서 생겨나는 새롭고 창조적인 힘에 대처할 수 있을 만큼 자유롭고 유연성이 있어야 합니다. 물론, 거기에 물질주의와 세속주의의 부정적이고 부패한 요인들이 개입해 들어 올 여지가 전혀 없는 것은 아닙니다. 하지만 세속화 과정을 전반적으로 고찰할 경우에는 건강하고 생명력 넘치는 측면들을 얼마든지 발견할 수 있을 것입니다. 그리고 그 과정은 지금까지 진행된 역사가 말해 주듯이 결코 반전反轉되는 일이 없을 것입니다. 유신론적인 종교를 신봉하는 사람들은 불교도들이나 세속적인 인본주의자들 또는 마르크스주의자들과 연대하여 새로운 영성을 추구함에 있어서, 다르마 또는 정통 교리의 핵심에 속하지 않은 어떤 초월적인 신학 명제나 개념들을 여과시키거나, 또는 최소한 객관적인 입장에서 재해석할 마음의 태세를 갖추어야만 합니다. 하지만 언제나 초월적인 것을 초월할 뿐만이 아니라, 가장 소중한 것으로 여기는 것마저도 초월하겠다는 자세로, 더욱 높고 심오한 진리를 가차 없이 탐구해 나가야 합니다. 그리고 이와 같은 일은 언제나 실천praxis과 살아 있는 대화, 그리고 행동과 반성이 끊임없이 교차되는 가운데 진행되어야 합니다.

# 대화를 통한 영성의 체험

존 잉글랜드John C. England

　　역시 아시아에서 생애의 상당 부분을 보냈던 존 잉글랜드
는, 세상에서 일어나는 투쟁에 참여하는 일과 개인의 영성
생활이 매우 밀접한 관계에 있다는 사실을 알게 되었다. 스
리랑카의 사티오다야 공동체에서 그가 체험한 것들은, 개인
생활과 단체 생활에서 희망과 자비와 정의가 구현된, 우정
과 노동 그리고 투쟁과 반성의 축복받은 삶 그 자체였다.

　종교 간의 대화와 관련하여 저에게 영성의 실체를 분명하게 드러
내 보여준 두 마을에 관하여 말씀드리도록 하겠습니다. 이 마을들에
관련된 일들은 아시아의 초기 그리스도교 공동체나 오늘날 아시아에
서 일어나고 있는 각종 운동과 같은 맥락에서 일어났다고 말할 수 있
습니다.

그 첫 번째 마을은 투르판의 발라이크 부근 터키스탄에서 1천여 년 전에 번성했던 마을 슈이완입니다. 불교도들과 그리스도인은 옛 실크로드나 해상 무역로에서 그랬던 것처럼, 이 마을에 사원과 교회 그리고 여행자들이 머물 수 있는 숙소를 세웠습니다. 슈이완의 어느 폐허가 된 교회에서 발견된 문서들은, 그 교회 건물이 무려 900년 동안이나 사용되었으며 이 같은 일이 결코 드문 일이 아니었음을 알게 해 줍니다. 하지만 우리가 더욱 주목해야 할 사실은, 그리스도교 초기에 이 아시아의 그리스도인이 교육·의료·무역·사회봉사 분야뿐만이 아니라 불교·마니교·이슬람교와의 협력과 공존 면에서도 기나긴 역사를 간직하고 있다는 것입니다. 그러한 역사는 십자군 전쟁 때까지 계속되었습니다.

또 한 마을은 스리랑카 칸디에 있는, 사디오다야라는 작은 공동체 마을입니다. 랑카의 여러 종교 전통에 속한 사람들이 함께 모여 살고 있는 이 마을에서는 지금까지 12년 동안 성인 교육, 마을복지 사업, 피난민 구호 사업, 인종간의 갈등 해소를 위한 운동 등이 활발하게 전개되어 왔습니다. 그밖에도 이 마을에서는 자조自助와 사회적인 연구, 그리고 신학적 성찰, 특히 폴 카스퍼즈Paul Caspersz의 저술들을 중심으로 이 삶의 구심점을 이루고 있습니다. 최근의 정치적인 소요 사태로 인한 위험 요인에도 불구하고, 사타오다야와 그 자매단체들은 인간적인 공동체를 만들기 위해 노력하면서, 희망과 정의의 정신과 영적인 깨달음을 함께 나누었습니다. 특별히 이 두 마을은 저에게 매우 중요한 의미를 지닌 영적인 차원들을 종합적으로 제시해 주고 있습니다.

한편, 종교 간의 대화를 통해서 제가 영적인 성장을 체험할 수 있었던 계기들에는 다음과 같은 것들이 있습니다.

- 크리스천 학생운동을 통해 처음으로 발견하게 된, 교회생활과 사회적 관심 그리고 신학적 성찰에 있어서 종파를 초월한 친교
- 저로 하여금 세속적·영적 차원에서 그리스도인은 물론이려니와 지역 주민들과 긴밀한 접촉을 갖게 만들었던, 이른바 성인 교육, 평신도 훈련, 마을 공동체 사업, 신학적 성찰 등을 통해서 수년간의 '동아시아 크리스천 협의회'EACC, East Asia Christian Conference, CCA의 전신(前身)임 임원 생활
- 경건생활과 일상적인 생활양식에 있어서의 이웃종교의 영성수련 방식 도입

하지만 저는 우리의 기본적인 관심사인 영성의 방향에 관하여 좀 더 상세하게 말씀드리고자 합니다. 영성에 대한 이 같은 탐구와 순례는 우리를 어디로 이끌어 가고 있는가? 무엇이 우리를 움직이게 하는가?

저의 경우에는 어떤 종교적인 체험을 추구하겠다는 결심이나 이웃 종교의 영성을 체험하려는 노력이 아니라, 그리스도교 전통 안에서 체험한 소명 의식이 점점 더 폭넓은 종교 간의 대화로 발전되어 나갔습니다. 하지만 제가 함께 일하는 사람들의 영성과 생활양식에 접하면서부터, 그와 같은 결실과 노력이 점점 더 중요한 의미를 띠게 되었습니다. 저는 주로 스리랑카와 타일랜드의 불교 승려들과 일반 신도들, 인도의 사르보다야 노동자들, 필리핀의 마르크스주의 신봉자들, 말레이시아와 인도네시아의 이슬람 공동체 구성원들 등, 다른 여러 나라의 친구들과 사회적 관심과 신학적 성찰을 나누었습니다. 그리고 그 과정은 종교적이라기보다는 세상적인 의미가 강했으므로 '삶의 대화'라 불리어도 마땅한 것이었습니다.

당시에 저는 일상적인 삶 가운데서 우러나오는 전혀 다른 종류의 영성을 체험할 수 있었습니다. 그것은 개인적인 삶과 집단생활 속에서 희망과 정의와 사랑이 구현된, 우정과 노동 그리고 투쟁과 성찰의 매우 자연스러운 결합이었습니다. 우리는 공통의 목표를 위해 함께 일해 나가는 가운데, 하나님의 새로운 세계를 향해 서있는 서로의 모습을 확인할 수 있었습니다.이는 아마도 종교 간의 대화나 협력에 관한 그 어떠한 묘사보다도 훌륭한 묘사일 것입니다. 창조적이고 정의로운 사회를 건설하기 위하여 헌신적인 노력을 기울임에 있어서 우정과 공존 그리고 연대의식과 상호 신뢰를 다져나가는 과정에서, 우리는 인류애가 무엇이며 각 종교 전통의 어떠한 요소들이 인간적인 가치들을 지탱시켜 주는지를 좀 더 깊이 있게 이해할 수 있었습니다. 이때부터 우리의 관심은 한 인간이자 그리스도인으로서 어떻게 생존할 것이냐의 문제로부터, 하나님의 사랑과 정의의 통치를 찬양함과 동시에 영적인 것과 세상적인 것의 이원론을 극복하여 개인적인 변화와 사회적인 변혁을 융합하는 문제 쪽으로 기울기 시작했습니다.

우리의 수많은 동료들이 동참하고 있는 이 같은 시도와 노력은 매우 훌륭한 통찰력과 사상, 그리고 제가 그 수집과 나눔에 참여 할 수 있는 특권을 누렸던 현대 신학의 풍성한 열매들의 모태가 되었습니다. 이 사업은 현재 '아시아의 신학과 문화를 위한 프로그램'Programme for Theology and Culture in Asia의 일환으로 진행 되고 있습니다. 하지만 만약에 우리가 대화, 그리고 삶과 투쟁을 통해서 우리 자신의 영적인 체험을 다른 사람들과 나누면서 살아계신 하나님께 대한 시야와 체험을 더욱 넓히고자 한다면, 우리는 우선 다음과 같은 문제들을 진지하게 생각해 볼 필요가 있을 것입니다.

- 개인적인 변화를 추구하는 일과 사회적인 변화를 추구하는 일은 어떻게 융합될 수 있겠는가?

- 우리는 그러한 길을 가는 도상<sup>途上</sup>에서 어떻게 서로를 발견 할 수 있겠는가?

- 우리는 오늘날의 교회가 어디에 와 있다고 보는가? 교회는 이미 지역교회의 영역을 탈피하여, 크리스천 기초공동체나 우리가 벌이는 각종 운동에서 완전하고도 진정한 모습으로 구현되어 있는가?

- 이미 길을 가고 있는 사람들의 서로에 대한 개방성과 좀 더 깊이 있는 진리를 추구하는 자세를 어디서 발견할 수 있는가? 그리고 거기에 도움을 주는 요인에는 어떠한 것들이 있는가?

- 그것을 위해서 어떠한 가용<sup>可用</sup> 자원들, 예컨대 사람, 공동체, 문헌 등이 사용되고 있는가?

# 영성에 대한 좀 더 깊이 있는 이해를 위하여

이브 라귄Yves Raguin, SJ

타이베이에 있는 '리치 중국어 연구원'Ricci Institute for Chinese Studies원장인 이브 라귄은 다음과 같이 말하고 있다. "그리스도인들 가운데에는 단지 초월명상에 사용되고 있다는 이유만으로 만트라 형태의 기도에 반대하는 사람이 많습니다. 그런 사람들은 만트라가 그리스도교가 아니라 힌두교의 본질을 반영하고 있다고 주장합니다." 오랜 불교적 명상체험을 지닌 라귄은, 만트라가 하나의 수행방편 일 뿐 아무런 종교적인 의미도 지니고 있지 않다고 주장한다. 그는 다른 종교 전통들에서 취한 집중과 깨달음을 위한 수행 방법들로부터 그리스도교적인 영성수련에 커다란 도움을 받았다.

이 글의 목적은, 우리가 어떻게 하면 이웃종교의 기도와 명상법을 우리의 그리스도교적인 영성 체험의 밑거름으로 삼을 수 있는지를 설명하는 데 있습니다. 제가 여기서 말씀드릴 내용은 저 자신의 체험은 물론이려니와 여러 해 동안 저와 함께 일해 온 동료들의 체험, 특히 제가 1949년에 중국에 도착한 이후와 나중에 베트남과 타이완에서 살면서 체험한 것들을 바탕으로 한 것입니다. 이와 같은 체험은 불교 승려들이나 도교 신봉자들과의 대화가 아니라, 제가 저 자신의 내부 깊숙한 곳에서 이루어지는 '내적인 대화'라고 부르는 것에 바탕을 두고 있습니다. 저는 힌두교에 관하여 어느 정도 공부하기는 했으나, 중국의 불교와 도교 그리고 유교가 저의 주요 연구 분야였습니다. 이것이 바로 제가 다른 어떤 영성보다도 불교와 도교의 영성을 잘 아는 까닭입니다. 저는 이와 같은 영성 전통의 깨달음과 정신집중 방법을 활용함으로써 그리스도교 영성을 좀 더 깊이 있게 이해할 수 있었습니다. 그리고 그러한 수행 방법들은 제가 지난 수세기 동안 경시되어 온 그리스도교 영성의 여러 측면들을 재발견하는 데 많은 도움이 되었습니다. 그뿐 아니라, 저는 그러한 방법들을 사용하는 내적인 대화를 통해, 그리스도 안에서의 삶이 지닌 신비를 좀 더 깊이 있게 이해하게 되었습니다.

몇 년 전에 저는 아빌라의 성 테레사St. Teresa of Avila와 동양의 신비주의에 관하여 마닐라의 산토 토마스 대학교에서 강의를 한 적이 있습니다. 처음에는 어떻게 강의를 구성해야 할지 막막했으나, 저는 곧 테레사의 신비 체험이 인간 존재의 세 차원, 곧 몸과 혼과 영에 관련된다는 사실을 깨닫게 되었습니다. 그녀는 몸과 혼의 구분에는 익숙해져 있었습니다. 하지만 그녀 안에 거하시는 하나님에 대한 신비 체험을 설명하기 위해서는 다음과 같이 말할 수밖에 없었습니다. "혼은 물론 하나이다. 하지만 혼의 중심은 성격이 전혀 다르기 때문에 영이라고 불러야 한다. 영이신 하나님은 바로 그곳에 거하신다."

테레사에 관하여 공부하다가 다시 중국의 철학자들과 영적인 인물들의 사상을 훑어보던 저는, 중국의 3대 종교인 유교와 도교와 불교에서도 인간 존재가 언제나 세 차원으로 구분된다는 사실을 알게 되었습니다. 이 세 종교 전통은 몸과 마음을 같은 차원에 놓고 논의를 전개합니다. 하지만 우리를 초월의 세계로 인도하는 제3의 그리고 훨씬 더 심오한 차원은 그 명칭부터가 다릅니다. 유교에서는 그것을 인성人性이라고 부르고, 도교에서는 원초적인 호흡, 또는 영이라고 부르며, 불교에서는 본성本性이라고 부릅니다. 유교 철학자 맹자孟子는 이렇게 말했습니다. "지성至誠을 다하면 인성人性을 알 수 있고, 인성을 아는 것은 곧 하늘을 하는 것이다."[1] 저에게는 이 문장이 가슴 속 깊이 와 닿았습니다. 인간이라는 존재가 무엇인지를 아는 사람은 하늘과 하나님을 알 수 있습니다. 우리의 인성은 하나님이 주신 선물이기 때문입니다. 도교에서도 똑같은 원리가 적용됩니다. 소위 '원초적인 호흡'은 만물의 생명의 근원입니다. 그리고 인간의 경우에는 그것이 '영'을 의미합니다. 영적인 차원에서는 우리가 도道와 하나가 될 수 있습니다. 불교에서는 우리의 본성이 모든 것의 절대적인 근본인 불성佛性과 같은 것이라고 가르칩니다. 이와 함께 저는 요가의 기법도 몸과 혼과 영의 3차원 구조를 바탕으로 하고 있다는 사실을 알게 되었습니다.

이처럼 동양의 종교들을 두루 공부하고 나서, 저는 다시금 그리스도교 인류학에 관심을 기울이기 시작했습니다. 그러자 곧, 바울의 영적인 체험 역시 비슷한 구조 안에서 묘사되고 있음을 알게 되었습니다. 그는 데살로니가 교회의 그리스도인에게 다음과 같은 내용의 편

---

1) 『The Four Books of Menciuss』, Book VII, Chapter 2, Section 1.

지를 보냈습니다. "평강의 하나님이 친히 너희로 온전히 거룩하게 하
시고, 또 너희 온 영과 혼과 몸이 우리 주 예수 그리스도 강림하실 때
에 흠 없게 보전되기를 원하노라"(살전 5:23). 바울의 서신들을 공부하는
과정에서, 저는 이와 같은 구조가 그의 서신 도처에서 발견된다는 사
실을 알게 되었습니다.

영성 생활에서는 혼과 영, 또는 마음과 영을 구분하는 일이 매우
중요합니다. 이 같은 구분이 명확하지 않은 이상, 소위 영성 생활이
무엇인지를 설명하기란 불가능에 가까운 일이기 때문입니다. 영은
혼또는 마음의 중심이자 가장 심오한 부분입니다. 영은 혼의 일부이면서
도 그것과는 매우 다른 성격을 지니고 있습니다. 이와 같은 구분은
우리의 심리학적 체험보다는 하나님의 관점에서 보아야만 분명해질
수 있습니다. 이는 우리가 이 주제와 관련하여 『히브리서』의 다음과
같은 구절을 중요시하는 까닭이기도 합니다. "하나님의 말씀은 살았
고 운동력이 있어 좌우에 날선 어떤 검보다도 예리하여 혼과 영과 및
관절과 골수를 찔러 쪼개기까지 하며, 또 마음의 생각과 뜻을 감찰하
나니…"(히 4:12). 인간 존재에 관한 이와 같은 구분은 복음서에서도 발
견됩니다.

선禪체험은 널리 알려져 있는 몇 가지 간단한 원리들을 바탕으로
하고 있습니다.

1. 절대적인 실체와 하나가 되는 궁극적인 체험은 어떤 중재자를 통
   한 하나님과의 관계를 전제로 하지 않는다. 그와 같은 체험은 우
   리의 본성이 불성佛性 및 궁극적인 실체와 하나임을 깨달음으로써
   이루어진다.
2. 인간 존재의 가장 깊숙한 곳에 절대적으로 순수한 우리의 본성이

존재한다. 수도승이 참선을 하며 앉아 있는 까닭은, 자기 자신 안에 이 본성이 있다는 사실을 굳게 믿기 때문이다.

3. 그와 같은 본성은 우리가 이해할 수도, 말이나 글로 묘사할 수도, 손을 내밀어 잡을 수도 없다. 우리는 단지 그것이 스스로 모습을 드러내어, 우리 인간 존재의 가장 깊숙한 곳에서 빛을 발하기를 기다릴 수 있을 뿐이다. 진정한 깨달음에서 오는 이와 같은 상태를 우리의 노력으로 도달할 수는 없다. 왜냐하면, 우리의 본성과 불성이 결코 다른 것이 아니기 때문이다.

4. 깨달음을 얻기 위해서는 우리의 본성에 대하여 순수한 심정으로 마음을 집중하여 참선을 행하는 것이 최선의 길이다. 우리는 그것에 관하여 생각도, 상상도 할 수 없기 때문이다. 이것이 바로 위대한 선사禪師들이 생각과 의존과 집착을 버려야만 진정한 깨달음에 도달할 수 있다고 가르친 까닭이다. 그렇게 해서 진정으로 비워진 마음은 일종의 진공 상태이기는 해도 결코 허무는 아니다. 선禪을 수행하는 사람은 마음의 진공 상태를 통해 자신의 본성을 보게 된다.

선 수련을 통해서 저는 높은 곳에 계신 초월자 하나님을 찾는 대신, 저의 내면 깊숙한 곳으로 침잠하여 한 인간으로서 저의 본성을 찾는 쪽으로 방향을 바꾸었습니다. 하지만 그와 같은 본성이 하나님의 형상이라고 할진대, 저로서는 단지 그 형상이 저절로 저에게 모습을 드러내기를 기다릴 뿐입니다. 저는 아버지께서 당신의 영으로 저를 일깨워 주시지 않는 한, 그분의 자녀로서 저의 진정한 모습을 볼 수 없다는 사실을 알고 있습니다. 따라서 단순히 저의 내면의 신비에 주의를 집중하는 법을 그리스도에게서 배웠습니다.

저는 선의 명상 수행을 통해, 저의 내면의 신비 앞에서 순수하게 마음을 집중할 수 있게 되었습니다. 그때까지 저는 어떠한 생각으로도 저의 이 같은 내면의 신비를 깨달을 수 없었고, 어떠한 의지나 노력으로도 제 안에 계시는 하나님의 존재를 인식할 수 없었습니다. 아무것도 생각하지 말고 아무것에도 의존하지 말라는 가르침이 처음에는 저를 무척 당혹스럽게 만들었습니다. 심지어 그리스도에 대한 생각조차도 지워 버리라는 뜻이었으니까요. 하지만 몇 년의 세월이 지난 후, 저는 복음의 마지막 단계가 그리스도를 따르는 것도, 그분의 삶을 본받는 것도 아님을 깨닫게 되었습니다. 이러한 일들이 그리스도인이라면 반드시 거쳐야만 할 필수적인 단계라는 사실에 대하여는 재론의 여지가 없습니다. 하지만 복음의 마지막 단계는 "내가 떠나가는 것이 너희에게 유익이라"(요 16:7)는 그리스도의 말씀과 직접적으로 관련됩니다. 우리는 이 말씀을 다음과 같은 의미로 해석할 수 있습니다. "너희는 더 이상 나를 볼 수 없을 것이며, 더 이상 나의 외적인 실재에 의존할 수 없을 것이다. 하지만 나는 너희 속에 영원히 거할 것이다."2)

실제로, 제가 복음의 마지막 단계가 예수님을 따르거나 그분의 삶을 본받는 것이 아니라 우리 안에 거하시는 그분에게서 생명력을 공급받는 것임을 깨닫기까지 선 수련이 결정적인 도움이 되었습니다. 이와 아울러 저는 『무지無知의 구름』The Cloud of Unknowing이라는 책을 통해, 그리스도가 더 이상 명상의 대상이 아니라는 사실을 깨닫게 되었습니다. 그분은 우리 안에 거하시면서, 오로지 '무지無知'를 통해서만 알 수 있는 하나님에게 우리의 마음과 사랑을 쏟을 수 있게 해 주시는 분입니다. 저는 또한 예수께서 홀로 계실 때 기도하시던 방식이 선의

---

2) Y. Raguin, Christianity and Zen , 『East Asian Pastoral Review』, Vol. XX, 1983, No.4, pp.345-350

형태에 가깝다는 사실을 알게 되었습니다. 그분은 전 생애를 통해, 아버지와 동행하고 있다는 의식을 갖고 계셨을 따름입니다. 그분은 아버지와 더불어 신성을 공유하고 있다는 사실을, 그분이 지니신 인간 본성의 깊숙한 곳에서, 단지 명상만 하신 것이 아니라, 의식하고 계셨습니다. 그래서 저는 감히, 선 수련이 제 안에 거하시는 하나님의 존재와 그리스도의 기도 방식을 좀 더 깊이 있게 이해하는 데 도움이 되었다고 말씀드릴 수 있는 것입니다.

## 영성 생활에 있어서의 충만과 비움

도교 전통에서는 생명력이 매우 중요합니다. 원초적인 호흡을 통해 도(道)에서 오는 내적인 에너지는 우리 몸 안에서 순환하면서 각 지체에 생명력을 공급합니다. 도교의 대가(大家)는 망각 속에 고요히 앉을 것입니다. 이는 참선의 첫 단계로서, 내적인 체험에 초점을 맞추기 위해서 모든 외적인 것들을 잊는 것을 뜻합니다. 이렇게 참선을 행하는 사람이 내적인 체험에 몸과 마음을 집중할 때, 그 사람의 내적인 삶과 본성과 영은 서서히 활력을 되찾아 갑니다. 그리고 내적인 에너지가 그 사람의 신체 각 부분을 순환하며 공급되는 동안, 그 사람은 충만한 생명력을 느끼게 됩니다. 결국 이와 같은 체험이 깊이를 더해 가면서 그 사람은 모든 생명의 근원인 도(道) 그 자체를 인식하게 됩니다.

저는 이러한 명상법으로 수행을 계속해 나가는 동안 『요한복음』에 기록된 '생명'이라는 말의 의미를 이해하게 되었습니다. 처음부터 요한은 하나님의 말씀이 만물의 생명의 근원이라고 말하고 있습니다. 그러므로 하나님의 말씀이 없이는 우주 만물이 생명을 누릴 수 없습니다. 나중에 『요한복음』에서는 물로 상징되는 성령이 생명이라는 주제와 결합된 형태로 수차례에 걸쳐 등장합니다예를 들어, 예수님과 니고데모와의 대화나 예수님과 사마리아 여인과의 대화. 예수께서 여러 차례에 걸쳐 말씀하신 영생은, 우리가 죽은 후에 받을 생명이 아니라 그리스도 안에 있는 우리 생명의 가장 깊숙한 차원을 가리킵니다.

저의 내부에서 육체적인 생명이 충만해지는 것을 자각하면서, 저는 훨씬 더 심오한 생명, 심리학적인 차원의 마음의 생명, 그리고 하나님으로부터 흘러오는 영적인 생명에 마음 문을 활짝 열 수 있었습니다. 이것이 바로 제가 '충만의 길'이라고 부르는 방법입니다. 명상법으로는 가장 쉬운 편에 속하는 이 방법은 우리로 하여금 우리 자신 및 모든 피조물과의 심오한 조화를 느낄 수 있게 해 줍니다. 그럴 때 우리는 하나님의 정기精氣로 가득한, 그리고 그분의 사랑과 자비로 충만한 우주의 일부임을 진정으로 자각하게 됩니다.

하지만 저는 불교와 도교의 가르침에 따라 수행을 계속해 나가던 중, 저의 마음속에 찾아 온 충만한 평화와 기쁨이 오히려 제 자신이 하나님과 하나가 되는 일에 장애가 될 수도 있다는 생각이 들었습니다. 이때 저는 도교나 불교의 현자들로부터, 하나님이 거하시는 차원과 동등한 영적 차원에 도달하기 위해서는 반드시 마음을 비워야만 한다는 것을 배울 수 있었습니다. 도교가 말하는 '마음의 금식'3)이나 불교가 말하는 '마음 비우기'에 관하여 공부한 다음, 다시금 제가 그리스도교 신비주의 전통에서 관심을 기울였던 주제는, 십자가의 성 요한St. John of the Cross이 말한 '영혼의 밤'night of the soul이었습니다. 마지막으로 저는 영생을 누리기 위해서는 목숨을 버릴 줄 알아야 하며, 살기

---

3) '마음의 금식'(fasting of heart)이라는 표현은 『Chuang-tzuu』, Book Ⅳ, the world of man: 『장자』(인간세편)에서 나온 표현이다.

위해서는 죽을 줄 알아야 한다는 예수님의 가르침을 전혀 새로운 각도에서 바라보았습니다.

그 이후로도 저는 이웃종교의 여러 현자들의 가르침을 통해, 그리스도인으로서 살아가면서 자기 자신에 대하여 죽는다는 것이 무엇을 의미하는지를 좀 더 분명하게 이해할 수 있게 되었습니다. 자기 자신 안에 영이 살아 있기를 원하는 사람은 반드시 자기의 마음을 비워야 합니다. 바로 이와 같은 관점에서 그리스도의 죽음을 바라보면서, 저는 그분의 수난 과정이 곧 그분의 몸과 마음을 철저히 비우는 과정이었음을 알 수 있었습니다. 하지만 이 죽음은 그분으로 하여금 영적인 차원에서는 완전히 살아 있다는 의식을 갖게 해 주었습니다. 이것이 바로 죽음의 문턱에 선 예수님이 "아버지여, 내 영혼을 아버지 손에 부탁하나이다."(눅 23:46) 하고 큰 소리로 외치셨던 까닭입니다. 저는 저로 하여금 그리스도의 죽음과 당신 자신을 비우시는 일을 좀 더 깊이 있게 이해하도록 해 주었던 것이 바로 도교와 불교의 '비움의 길'이었다는 사실을 누구에게나 자신 있게 말할 수 있습니다.

하지만 그리스도인 가운데는 이 같은 수행법을 받아들이려고 하지 않는 사람들이 많습니다. 그런 사람들은 참선이 불교 특유의 수행 방법이며 도교의 명상법이 그리스도교화 될 수는 없다고 주장합니다. 하지만 그들은 그리스도께서 어떠한 수행법도 가르치시지 않으셨으므로 그리스도교 나름대로의 수행법이 존재하지 않는다는 사실을 잊고 있는 것입니다. 오히려 세례 요한이 자기 제자들에게 기도하는 방법을 가르쳐 주었다는 사실을, 우리는 다음과 같은 어느 제자의 말에서 알 수 있습니다. "주여, 요한이 자기 제자들에게 기도를 가르친 것과 같이 우리에게도 가르쳐 주옵소서"(눅 11:1). 이 때 예수께서는 단지 우리가 기도하여야 할 내용을 제시해 주셨을 뿐 어떤 방법, 예컨대,

"앉으라, 서라, 집중하라, 명상 하라" 등을 가르치신 것은 아니었습니다. 초기의 그리스도인은 유대인들의 기도 방법을 그대로 따랐습니다.

각종 수행법은 몸과 마음의 차원에 속합니다. 우리는 각자가 원하는 대로 기존의 방법에 수정을 가할 수도 있고, 새로운 방법을 계발해 낼 수도 있습니다. 그뿐 아니라 어떤 수행법도 특정 종교 집단의 전유물專有物이 될 수는 없습니다. 예를 들어, 그리스도인도 단지 믿음의 대상이 다를 뿐 불교 수도승과 똑같은 자세로 가부좌를 틀고 앉아 그와 똑같이 호흡할 수 있습니다. 불교를 신봉하는 저의 벗들이 참선을 행하는 목적은 불교적인 깨달음을 이루기 위함입니다. 그리스도인으로서 저도 그들처럼 앉아 호흡을 하지만, 그 목적은 어디까지나 그리스도교적인 깨달음입니다. 결국, 그 차이는 심리학적 방법이 아니라 각자의 믿음에서 오는 목적에 있다고 할 수 있습니다. 저의 경우, 그 깨달음은 저 자신에게 달려 있지 않고 하나님의 은총의 선물로서 받아들여지는 것입니다. 한편, 불교를 신봉하는 저의 벗들의 경우에도, 그들의 깨달음이 자신들이 노력한 결과가 아니라 초월적인 불성, 곧 그들의 본성으로부터 오는 선물입니다.

그리스도인 가운데에는 단지 초월명상에 사용되고 있다는 이유만으로 만트라 형태의 기도에 반대하는 사람이 많습니다. 그런 사람들은 만트라가 그리스도교가 아니라 힌두교의 본질을 반영하고 있다고 주장합니다. 하지만 그들은 만트라 역시 하나의 방법에 불과하다는 사실을 모르고 있습니다. 예를 들어, 예수님의 이름을 만트라로 선택한 사람은 그리스도교적인 관점에서 반복 기법을 사용하고 있는 것입니다.

우리는 그리스도교의 처음 몇 세기 동안 수도승이나 고행자들에 의해 사용된 수행 방법들이, 대부분 이웃종교에서 빌려 온 것임을 역사를 통해 알고 있습니다. 그리고 그러한 방법들 가운데에는 인도에서 전래한 것들도 상당 부분을 차지합니다. 그리스도교의 역사 초기에 이집트의 은자들 가운데에서 첫선을 보였던 소위 '예수기도'Jesus prayer가 바로 거기에 해당됩니다. 반복을 위주로 한 이 기도법은 우리안에 거하시는 그리스도를 영적으로 체험할 수 있게 해 주는 매우 효과적인 방법입니다.

한편, 영적인 차원에서 이루어지는 대화는 근본적인 성격을 띠고있습니다. 신학적인 사고는 지적인 차원에 머물기 쉽습니다. 하지만영적인 체험은 일상적 삶 속에 구체적으로 반영되게 마련이며, 결코신학적인 차원에 머물 수만은 없습니다. 그렇기 때문에 이웃종교의영성생활을 위한 방법들을 어떻게 사용할 것인지의 문제가 매우 중요한 것입니다. 우리의 궁극적인 목표는 그리스도교 신앙을 좀 더 폭넓고 깊이 있게 이해하는 것이 되어야 합니다. 그래야만 우리가 그분을하나님의 아들로 인식할 계기는 훨씬 더 확장될 것이기 때문입니다.

# 다양한 상황 속에서의 종교 간의 대화

다음에 소개하는 네 편의 이야기는, 그리스도인과 교회가
이웃종교를 신봉하는 이웃들과 어떠한 상황 속에서도 서로
원만하고 협조적인 관계를 맺을 수 있음을 보여 준다. 레바
논의 성 조지[St. George] 정교회 수도원 출신인 칼릴 좀콜[Khalil
Zomkhol] 형제는, 동방교회의 수도원과 이슬람교 사이의 고요
하면서도 영적인 놀라운 대화에 관하여 말하고 있다. 그리
고 스웨덴 출신 루터교 신자인 하칸 에일러트[Hakan Eilert]는,
그리스도교적인 삶과 영성수련을 좀 더 깊이 있게 이해할
목적으로 불교의 수행방법을 원용함으로써, 그리스도에 대
한 확신이 더욱 심오한 경지에 이르게 되었다고 한다. 한편,
심층심리학의 원리들을 적용하여 은사 갱신에 관한 연구를
계속해 나가고 있는 아놀드 비틀링거[Arnold Bittlinger]는, 성령

안에서 이루어지는 삶의 여러 차원이 서로 어떻게 관련되는
지를 보여 준다. 그리고 마지막으로, 콜린 알코크Colin Alcock는
전통적인 그리스도교 영성과 호주의 토착적인 영성을 조화
시키기 위해서 어떠한 노력을 기울이고 있는지를 말하고 있다.

# 1. 이슬람교와의 영적인 만남

## - 칼릴 좀콜Khalil Zomkhol

우리가 가는 영적인 순례의 길, 특히 그리스도교적인 형태일 경우
는 기본적으로 성령 안에서의 삶을 추구하는 과정입니다. 그러므로
그것은 결코 '지지 않는 태양'이나 '의義의 태양'이 떠오르기를 기다
리는 것과 다를 바 없습니다. 그리고 그 길은 일종의 '순환로'이므로,
공동의 중심을 가졌으되 전혀 이질적인 사람들 사이의 대화일 수도
있습니다. 그것은 또한 나그네를 사랑하고 따뜻하게 대접할 줄 아는
마음philoxenia과도 일맥상통합니다.

이와 같은 사실을 망각한 서구인들은 오랜 세월에 걸쳐, 해가 뜨고
지기를 계속하는 직선적인 순례의 길에서 벗어날 줄을 몰랐습니다.
그와 같은 길은 '길'로서의 방향감각을 상실했을 뿐더러, 떠오르는
태양을 등지고 중심을 벗어나 오로지 배타적인 내용의 신학을 고집
할 뿐입니다. '새로운 세계'의 발견으로 인해, 이제 이러한 길은 종지
부를 찍어야 합니다. 거기서는 본래의 목적을 벗어 난 인간의 작업,
곧 기술의 진보가 하나님을 대신함으로써 더욱 신속 하게 인류를 노
예화할 수 있었습니다. 불행하게도, 직선적이고 일차원적이며 피상

적인 이 길 위에서 믿음과 열성이라는 보배들은 빛을 잃게 되었고, 사랑을 바탕으로 한 영적인 행위들이 이제는 비록 영웅적일지는 몰라도, 해방보다는 소외의 요인으로 작용하는 경향이 나타나고 있습니다. 이러한 현실 앞에서 성령께서는 "너를 책망할 것이 있나니, 너의 처음 사랑, 너의 중심을 버렸느니라."하고 말씀하시는 것 같습니다.

그러므로 동방교회의 수도원과 이슬람교 사이의 고요하면서도 영적인 놀라운 대화야말로, 언제나 중심을 향하여 뻗어나가는 '순환로'에 대한 매우 훌륭한 증인이라 아니할 수 없습니다. 그 대화는 나사렛 예수께서 유언이자 증언으로 우리에게 남겨 주신, 그리고 우리의 내면으로부터 솟아오르는 성령에 관한 기억을 통해 우리에게 그 길을 상기시켜 줍니다. 그러므로 그 길은 우리의 첫사랑이자 마지막 사랑이라고 할 수 있습니다.

그 '중심'은 모든 종교와 종파를 초월하시는 '대화의 성령'을 향해서 나아갈 수 있는 왕도王道입니다. 거기서 우리는 예수 그리스도의 영이 모든 인류와 함께하고 계심을 발견하게 됩니다. 하지만 그러기 위해서는 서로의 종교를 인정하고 나그네를 대접하는 마음으로 사랑과 자비를 베풀 줄 알아야 합니다. "볼지어다. 내가 문 밖에 서서 두드리노니…" 비록 오순절 이후에는 성령으로 역사 하셨지만, 부활하신 그리스도께서는 엠마오 도상에 낯선 나그네로[1] 모습을 나타내셨습니다(눅 24장). '필록세니아'philoxenia라는 헬라어는 나그네에 대한 사랑을 뜻합니다. 그리고 나그네를 뜻하는 아랍어 '가립'gharib은, 하나님의 영이 거하시는 중심이자 영원히 지지 않는 태양이 떠오르는 곳東方을 찾아

---

1) 헬라어로는 paroikeis, 라틴어로는 peregrinus. '집을 떠나 여행하는 사람'이라는 뜻이므로, 결국에는 순례자를 가리킨다.

순례의 길을 떠난 사람을 가리킵니다.

　모든 인류는 각자가 처한 상황이나 입장에 따라, 서로가 나그네가 될 수도 있고 적이 될 수도 있습니다. 하지만 우리는 상처받은 나그네에게 사랑과 자비, 곧 어머니 성령의 모태(母胎)에서 나온 진통제로 다가갈 때, 그 나그네의 이웃이요 형제자매가 될 수 있습니다. 그러면 돌연히 우리에게 성령이 충만하게 임하시면서, 신비한 영적 체험의 길이 열릴 수도 있습니다. '말씀이 아버지를 증거하고 성령이 예수 그리스도를 증거 한다'고 할진대, 우리 인간은 성령을 증거 한다고 말할 수 있습니다. 인간은 성령 -하나님- 의 형상대로 지음을 받았기 때문입니다. 성령께서는 모든 인류가, 하나님이 거하시는 중심에서 알몸으로 친교(koinonia)를 나눌 수 있게 해 주십니다.

　인간은 마치 반사경처럼, 이웃들을 자신들의 중심으로 되돌려 보낼 수 있습니다. 우리는 단순히 자신의 중심에서 우리 자신이 되는 것만으로도 다른 사람들에게 그들 자신의 중심을 상기시킬 수 있습니다. 여기서 이미 대화는 시작된 것입니다. '대화'를 의미 하는 아랍어 단어에는 '어떤 축을 중심으로 돈다.'는 뜻이 포함되어 있습니다. 하나님의 영이 거하시는 중심에서 이루어지는 대화를 통해 우리의 근본적인 책임이 무엇인지가 드러나게 됩니다. 이 책임은 우리가 하나님께 질문을 던질 수 있는 존재인 동시에 하나님으로부터 질문을 받을 수 있는 존재라는 사실과 직접적으로 관련됩니다. 이슬람교의 수행자, 수피 이븐 아라비가 적절하게 표현했듯이, "대답하시는 분도 하나님이요, 질문하시는 분도 하나님이십니다." 이처럼 대화는 다른 사람들에 대한 책임감에서 시작되어, 서로간의 따뜻한 친교로 이어지게 마련입니다. 하지만 그 중심은 언제나 하나입니다.

고도의 구심점을 지닌 이슬람교는 방향감각을 상실한 채 사분오열된 교회에게 다시금 그 자체의 중심을 붙잡아야 한다는 사실을 상기시킵니다. 한편, 그리스도교의 수도원 제도와 이슬람교는 수많은 우정과 협동의 사례事例들에 나타나 있듯이 상당히 깊이 있는 연계관계를 맺어 왔습니다. 이 같은 현상은 이슬람교 초기에까지 거슬러 올라갈 수 있습니다. 하지만 이 두 제도 사이의 뿌리 깊은 관계의 비밀, 곧 아브라함을 공통의 조상으로 모시고 있다는 사실을 정확하게 이해하고 있는 사람은 그리 흔치 않은 것 같습니다. 그 비밀은 처음부터 장차 일어날 일에 대한 예언과 관련되었기에 더욱 근원적이고 소망적인 성격을 띠게 되었을 뿐더러, 모든 이들의 명상과 수행의 중심점 역할을 했습니다.

"내가 너의 주主가 아니더냐?" 이슬람교도들은 마치 자신들의 '중심' 주위에 모여들 듯이, '카바'玉石 주위에 동심원 형태로 둘러서서 이 근원적인 질문을 중심으로 기도를 드리곤 합니다.

특히 아브라함이 양을 희생 제물로 드린 일을 기념하는 축제일에는 온갖 인종과 사회계층에 속한 200여만 명의 이슬람교도들이 메카에 모여듭니다. 이때 그들은 각자의 차이점과 갈등을 망각한 채 서로간의 하나 됨과 하나님의 자비를 거듭해서 선포하곤 합니다.

"아버지께서 내 안에, 내가 아버지 안에 있는 것 같이 저희도 다 하나가 되어 우리 안에 있게 하사 세상으로 아버지께서 나를 보내신 것을 믿게 하옵소서."(요 17:21). 이상하게도 그리고 부끄럽게도, 이 기도를 그대로 구현할 사람들은 그리스도인보다는 이슬람교도일 것 같습니다. 바람聖靈은 뜻하는 방향으로 불어 갑니다. 이슬람교도들은 교회 안에서 열세인 수도사들과 손을 잡습니다. 수도사들이야말로 교회 일치의 신비에서 핵심적인 위치인 '중심'을 차지합니다. 하지만 원은 중심으로부터 확장되어 나오는 것이므로 원과 중심은 하나입니다.

이렇게 중심에 위치한 수도원적인 형상은 곧 평화의 하나님의 형상입니다. 우리는 동방 교회가 신실한 그리스도인에게 경의를 표하기 위해서 거행하는 오순절 축제에서 그러한 형상을 찾아 볼 수 있습니다. 아들과 아버지 사이의 무한한 사랑은 우리 안에 거하시는 성령을 통해서 드러나게 마련입니다. 수도사였던 안드레 루블레브<sup>Andre Roublev</sup>는 이 같은 사랑의 연합을, 외곽선이 없기 때문에 서로 뭉뚱그려져 있는 것처럼 보이는 세 천사의 그림으로 표현하려고 했습니다.

희생양의 피와 살을 중심으로 하는 교회의 성찬식은 인간과 신성神性의 만남이라는 점에서, 낯선 나그네 세 사람을 따뜻하게 대접했던 아브라함의 경우와도 일맥상통합니다. 원형적原型的으로는 첫 아담의 맏형이라고 할 수 있는 그리스도께서 "아담아, 네가 어디 있느냐?"라는 하나님의 첫 번째 물음에 당황해하는 첫 아담과 온 인류를 곤경에서 건져내 주려고 오셨습니다. 십자가에 달리신 아들은 하나님의 품 안에 계실 뿐 아니라 우리의 가슴 속에 영원히 살아 계십니다. 그리고 그 분이 세상을 떠나신 후에는 우리 인간의 영과 하나가 되셔서 우리와 함께 '아바, 아버지'라 부르실 것입니다.

동양에서는 계시의 다양한 흐름들, 예컨대 영성, 경전, 신학, 구원의 섭리, 예배 의식, 교회론, 인류학 등이 유기적 통일성을 나타내 보인다는 것도 우리가 주목하여야 할 매우 중요한 현상들 가운데 하나입니다.

그리스도교 수도사들과 이슬람교의 수피들은 각자 나름대로의 믿음을 중심으로 제각기 일관성 있는 논리를 지니고 순례의 길을 떠납니다. 멀고도 험난한, 그리고 모험에 가득 찬 그들의 순례의 길은 내면의 동양, 곧 그 중심이 평화와 휴식 그리고 미美의 조화로 차고 넘치는 곳을 향하고 있습니다. 거기는 인간의 내면 깊숙한 곳에서 솟아오르는 하나님에 대한 기억의 불꽃이, 마치 불의 혀처럼 영원히 타오르는 곳입니다.

'수도사'를 뜻하는 헬라어 '모나코스'monachos는 오로지 하나님의 나라와 그 나라의 의만을 추구하며 몸과 마음을 다하여 하나님을 사랑하는 사람을 가리킵니다. 사로브의 세라핌Seraphim of Sarov은 한 제자에게 다음과 같이 충고한 적이 있습니다. "내면의 평화를 찾으라. 그러면 네 주위의 수많은 사람들이 구원을 얻으리라."

아랍어에서는 '설교'라는 의미의 말과 '중심'이라는 의미의 말이 같은 어원에서 나왔다고 합니다. 설교를 통해 복음이 온 세상에 전파된 것은, 마리아처럼 주님의 발 앞에서 오로지 한 가지 일만을 절실하게 사모하여 자신의 삶의 중심으로 삼은 사람들이 있었기 때문입니다.


## 2. 무문관無門關

### - 하칸 에일러트Hakan Eilert

세상은 급변하고 있습니다. 제2차 세계 대전 이후로 지역 간의 시간 거리가 엄청나게 단축되고, 지구상에 사람의 발길이 닿지 않은 곳은 거의 찾아 볼 수 없게 되었습니다. 이제 우리는 지구 마을의 한 마당에서 살게 되었습니다.

유럽의 문화와 종교는 더 이상 인간 영혼의 최상의 표현으로 간주될 수 없습니다. 서양의 식민주의가 퇴색하고 통신문명이 발달함에 따라, 예전에는 아시아와 아프리카 사람들이 받아들일 수밖에 없었던 서구적인 가치들이 배척받는 현상이 나타나고 있습니다. 지도상에서는 유럽이 아시아라는 몸통에 붙은 부리처럼 보입니다. 이제는 정치적·경제적 구조의 재편성이 불가피한 시기가 도래한 것 같습니다.

이와 같은 추세 앞에서 당황한 서구인들은 다른 세계종교들이 여전히 살아 숨 쉬고 있다는 사실에 새삼스럽게 놀라움을 금치 못합니다. 인도의 현자賢者, swami들이 유럽 땅을 누비고 다니고, 초월명상과 선禪과 점술이 유럽의 여러 도시에서 성행하고 있습니다. 그뿐 아니라, 유럽의 젊은이들이 피카딜리 광장에서 노란색 인도 승복을 입고, 크리슈나의 영광을 노래하는 음악에 맞춰 춤을 추기도 합니다. 지금은 극도로 불안정한 시기입니다. 우리는 종교가 과거의 것이라고 배워오지 않았습니까? 그리스도교는 이미 죽은 종교이고, 교회를 비롯한 종교 기관들은 언제든지 인간의 불행을 저장할 수 있는 창고라고들 말하지 않습니까?

그리스도교 신학 역시 퇴보 일로에 있는 것이 사실이고, 동양에서 간간이 들려오는 신호들은 무시되기 일쑤입니다. 한편, 유럽의 학자들은 주로 민주주의의 과정, 여성 해방, 계급간의 평등 같은 내부 문제들에 힘을 쏟고 있습니다. 하지만 일부 신학생들이 새로운 탐구를 시작했고, 저도 그들의 탐구에 동참했습니다. 우리는 그리스도교 신학이 제대로 다루지 못하고 있는 영적인 차원을 이웃종교들이 다룰 수 있으리라는 생각이 들었습니다. 이 때 우리는 융C. G. Jung, 프롬Erich Fromm 등 심리학자들의 저서들을 공부하면서, 영적인 세계가 심리학의 언어로도 얼마든지 표현될 수 있다는 사실을 알게 되었습니다. 또한 부버<sup>Martin Buber</sup>, 엘리어트<sup>T. S Elliot</sup> 그리고 머튼<sup>Thomas Merton</sup>의 책들도 탐독했고, 어떤 이들은 도스토예프스키에 관하여 토의하기도 했습니다. 우리는 사고의 지평地平을 넓혀야겠다는 일념으로, 마치 물에 빠진 사람처럼 필사적으로 공부를 계속해 나갔습니다.

하지만 처음에는 이 연구를 어떻게 해나가야 할지 종잡을 수가 없었습니다. 더구나 이 주제에 관하여 그 누구에게서 조언이나 지도를 받을 수도 없었습니다. 우리의 신앙생활은 로빈슨 크루소처럼 고립된 삶과는 무관합니다. 모래 위에는 발자국들이 남게 마련이고, 그 발자국들은 언젠가는 누군가에 의해 발견될 것입니다. 종교는 고독한 항해도, 자신만의 유익을 위해서 천국 생명을 움켜쥐려는 이기적인 시도도, 교회에서 수동적인 자세로 설교를 듣고 있는 것도 아닙니다. 우리는 신학의 주제가 이 세상에서 일어나고 있는 인간사들이라는 사실을 분명하게 깨닫게 되었습니다.

이제는 하나님에 관하여 객관적인 입장에서 말하는 것이 불가능하게 되었습니다. 지금도 하나님은 인간으로서의 기본적인 권리를 박탈당하고 고통 받는 사람들 편에 서서 싸우고 계십니다. 심지어 진리라는 개념 자체에 대하여도 많은 의문이 제기되었습니다. 그래서 이제는 격리된 정통주의란 존재할 수 없게 되었습니다. 진리는 '지금 여기에' 존재하는 이웃들을 전제로 성립하는 것이며, '너' 없이는 '나'가 있을 수 없습니다. 결국 행동과 참여가 우리 그리스도인의 삶의 척도가 되었습니다.

그 후에 일본으로 건너 간 저는 탐구의 방향을 전혀 새로운 방향, 곧 종교의 다원성이라는 문제로 돌렸습니다. 여기서는 그리스도의 절대성이 가장 난해한 문제로 등장합니다. 유대인과 이슬람교도들과 불교도들은 제각기 나름대로의 방식으로 자신들의 종교적인 확신을 표현합니다. 하지만 교리라는 딱딱한 껍질을 탈피한 당시의 저로서는 인류의 종교적·문화적 다양성이 결코 개탄 할 일만은 아니라는 생각이 들었습니다. 동·서양의 종교 전통들이야말로 우리가 감사하는 마음으로 받아들여야 할 풍요롭고 다양한 인류의 유산이 아니겠습니까? 저는 여러 종교 전통의 상징과 신화들이 지닌 의미를 좀 더 깊이 있게 공부해 나가는 가운데, 성경의 증거가 훨씬 더 새롭고 풍부한 의미로 다가오는 것을 느낄 수 있었습니다. 그리고 하나님의 일차적인 관심의 대상이 그리스도교가 아니라 인류라는 사실을 깨닫게 되었습니다.

그래서 저는 서양적인 신학 서적들보다는 이웃종교의 전통들에 대하여 좀 더 많은 관심을 쏟게 되었고, 그때로부터 저에게는 매우 매혹적인 탐구의 세계가 열리기 시작했습니다. 결국 저는 제도적인 교회가 편협한 지역주의를 탈피하여 이웃종교를 신봉하는 사람들과 적극적인 관계를 맺어야 한다는 결론에 도달했습니다. 비록 표현 방식은 다르다고 할지라도, 우리가 가장 심각하게 다루어야 할 분야는 결국 믿음의 세계가 아니겠습니까? 우리가 구태여 복음을 옹호하려고 할 필요는 없을 것입니다. 그리스도는 제도적인 교회뿐만이 아니라 온 세상과 인류 전체의 주님이시기 때문입니다.

하지만 그리스도의 절대성이라는 문제는 오래 전부터 저를 수시로 괴롭혀 온 문제들 가운데 하나입니다. 그리고 영광을 받으신 그리스도께서는 결코 우리의 신학적 해석이라는 틀 안에 갇히실 분이 아니라 우주의 역사 자체를 넘나 드시는 분이라는 사실을 깨닫기 전까지는, 소위 '이단'의 문제와 관련하여 일종의 강박관념처럼 저를 사로잡고 있었던 문제입니다. 그리스도께서는 당신 자신을 미지<sup>未知</sup>의 존재로 계시하시기 때문에, 자신의 유익을 위해 그분을 이용하려고 하는 사람은 결코 그분을 이해할 수 없습니다. 더구나 삼위일체의 교리는 분화(分化)될 수 없는 절대성을 전제로 합니다. 처음에는 제가 그리스도의 상(像)을 인격적, 혹은 비인격적 등 여러 가지 모습으로 파악했으나, 결국에는 그것이 나사렛 예수라는 구체적인 모습으로 정착되었습니다. 하지만 이와 같은 그리스도의 상으로 인해, 마치 천문학에 관한 해박한 지식으로 인해 태양의 존재가 부정될 수 없듯이, 그분의 절대성이 부정될 수는 없었습니다.

제가 불교, 특히 선불교에 입문하게 된 것은 바로 이 무렵의 일입니다. 참선 수행은 저로 하여금 마음의 이성적인 기능을 탈피 할 수 있게 해 주었고, 호흡 수련은 제 마음의 여러 층이 전혀 계발되지 않은 채 방치되고 있음을 깨닫게 해 주었습니다. 나아가 저는 온갖 추상적인 관념들, 예컨대 성육신이란 무엇인가? 어떻게 하면 하나님을 뵈올 수 있겠는가? 등등이 저의 마음속을 가득 채우고 있다는 사실을 알게 되었습니다. 당시의 저로서는 하나님의 상(像)은 알 수 있었으되, 저의 내면에 살아 계신 하나님에 대한 깊이 있는 체험이 부족했습니다. 언젠가 한 수도승이 저에게 "당신은 그리스도인이시죠?" 하고 물었던 기억이 납니다. 이 때 저는 "예, 그렇게 되기를 원합니다." 하고 대답했습니다. 우리는 사원의 뜰 앞에 있는 베란다에 앉아 이야기를 나누고 있었습니다. 저는 그가 저의 마음속을 훤하게 꿰뚫어 보고 있음을 분명하게 느낄 수 있었습니다. 이어서 그가 던진 한 마디 말은 다시 한 번 저의 가슴을 찌르고 들어왔습니다. "당신의 마음속에 계신 하나님, 바로 그분이 문제의 핵심이요!"

2년 동안의 선 수련 과정은 영성에 관한 저의 관점을 완전히 바꾸어 놓았습니다. 저는 더 이상 다른 사람들이나 어떤 문제에 관하여

애써 판단을 내리려고 하지 않게 되었습니다. 그리고 저 자신의 존재나 관점, 심지어 제가 궁극적인 목표로 삼고 있었던 영성의 세계에 대하여도 집착을 버리게 되었습니다. 저의 마음속에서는, 제가 곧 세계가 아니라 여여(如如)히 있는 세계 속에 받아들여졌을 뿐이라는 생각이 무한한 평안을 가져다주었습니다. 그리고 마침내 제가 그 사원을 떠날 때는 마치 선한 사마리아인에게 도움을 받았던 사람과 같은 심정이 되었습니다. 실제로, 선불교는 선한 사마리아인처럼 기름과 포도주를 [저의] 상처에 붓고 싸매어(눅 10:34) 주었습니다.

집으로 돌아 온 저는 예전에 미처 깨닫지 못했던 그리스도교 신앙의 여러 측면들, 특히 그리스도 예수 안에서 새롭게 구현된 복음의 엄청난 능력을 발견하고는 기쁨을 감출 길이 없었습니다. 저는 더 이상 참된 영성에서 우러나오는 실제 행동과 격리된 학문을 신학으로 생각할 수는 없었습니다. 이때 제가 새롭게 발견한 것은 하나의 거대한 종교체제 안에 함몰되어 버린 그리스도교와 방대한 지식체계 안에 묻혀 버린 지혜였습니다. 저의 마음속에서는 하나님의 권위주의적인 상(像)이 자취를 감추면서, 하나님의 형상Imago Dei과 인간 사이의 차이점이 그다지 크게 느껴지지 않게 되었습니다.

저는 저 자신의 영적인 순례 과정을 돌이켜 볼 때마다, 선불교와 저와의 만남이 하나님의 섭리에 의해 이루어졌다는 생각을 하지 않을 수가 없습니다. 서구적인 관점의 자아-중심적 사고를 돌파할 어떤 계기가 필요했던 터에, 저의 선사(禪師)님은 제가 지적인 수련에 치중해 있다는 사실을 분명하게 지적해 주셨습니다. 그 이후로는 제가 하나님과 내세(來世)에 관한 복잡한 생각에 사로잡힌 적이 없습니다.

교회에 대한 저의 비판 의식에도 많은 변화가 왔습니다. 우선, 저는 하나의 거룩하고 보편적인 공동체로서 교회가 믿음과 영성의 세계의 일부라는 생각이 들었습니다. 교회는 온갖 세상적인 약점과 허물을 지닌 인간의 얼룩진 얼굴을 그대로 가지고 있습니다. 더욱 중요한 사실은, 하나님께서 우리 인간과 관계를 맺으시는 양상이 매우 다양하다는 것입니다. 그분은 우리의 이해력 또는 각자의 영적인 기질에 따라 진리를 깨닫게 해 주십니다. 제가 다니던 교회의 교인들은 주로 농부들이었습니다. 그들은 아마도 이 문제에 관하여 생각할 시간이 저만큼은 없었을 것입니다. 그리고 제가 구태여 이유를 밝힐 필요까지는 없겠지만, 그들 대부분이 진리와 그것의 구체적인 실현 형태 사이의 차이점을 인식할 필요가 거의 없는 삶을 살아가고 있었습니다. 한편, 서구인들은 두 가지 선택 가능성 중 하나를 택하여야 하는 기로에 서 있습니다. 즉, 다른 이름으로는 도달할 수 없는 진리의 절대성을 끝까지 고수하든가, 아니면 종교 간의 상호 관용과 개인 영성생활의 절대적인 자유를 주창한 프레드릭 대제Frederik the Great의 입장을 취하여야 한다는 것입니다.

저의 경우에는, 여러 종교 형태의 상대성을 인정하면서도 얼마든지 진리의 절대성을 유지할 수 있다는 결론에 도달했습니다. 왜냐하면, 어떠한 종교적 명제도 상대성과 절대성을 아울러 지니고 있다고 판단했기 때문입니다. 여러 종교의 신조나 교리는 절대적이고 초월적인 그러면서도 언제나 우리와 함께하는 진리를 그 시대의 언어로 표현한 것입니다.

그러므로 저는 근본주의fundamentalism를 비판할 필요성을 전혀 느끼지 못하게 되었고, 진리가 절대성과 상대성을 아울러 지니고 있다는 인식을 갖고 그리스도교 전통으로 되돌아 올 수 있었습니다.

저는 불교를 통해서, 서구적인 사고방식이 얼마나 비극적인 난국難局에 처해 있는지를 뼈저리게 느낄 수 있었습니다. 서구의 교회는 그리스도 사건의 여러 측면들을 사람들의 다양한 내적 욕구에 관련시키면서 그리스도교의 지평地平을 더욱 적극적으로 넓혀 나갈 필요가 있습니다. 저는 하나님께 대한 어린아이와 같은 믿음을 비판할 생각이 전혀 없습니다. 그와 같은 믿음이야말로 제가 지금까지 깨달아 온 모든 것들의 가장 기본적인 바탕을 이루고 있다는 사실을 너무나도 잘 알고 있기 때문입니다. 하나님께서는 우리를 통해서 전혀 새로운 또는 그리스도교의 복음 안에서 수면 상태에 있는 형태의 역사를 일으키려고 하시는 것 같습니다. 저는 그리스도 사건을 불교적인 사고방식으로 이해할 경우에는 오늘날 우리가 처해 있는 각종 난제들, 예컨대 믿음과 이성 그리고 실존과 본질의 분리, 하나님 개념의 혼란, 지식에 대한 지나친 믿음, 종교에 의한 역사관의 왜곡 등에 대처해 나갈 수 있을 만큼의 폭넓은 시야를 확보할 수 있다고 믿고 있습니다. 저에게 초월적인 하나님은 성 어거스틴St. Augustine의 저 유명한 기도에서 "하나님, 당신은 저 자신의 마음보다도 저에게 더 가까이 계신 분입니다"라고 했던 바로 그분이십니다.

믿음은 결코 믿지 않는 사람들을 소외시키기 위한 무기가 아니라, 초월적인 동시에 내재적인 부르심에 대한 즐거운 응답입니다. 이와 같은 의미의 믿음은 그리스도교 신앙의 절대성과 상대성을 아울러 표현할 수 있는 어떤 방법을 필요로 합니다. 우리는 살아 계신 예수님이 언제 어디서나 우리와 함께하시면서 풍성한 삶의 지평地平을 가리키고 계시다는 사실을 기억하여야 합니다. 우리는 다음과 같은 예수님의 말씀에서도 그분의 무소부재無所不在함을 엿볼 수 있습니다. "여우도 굴이 있고 공중의 새도 집이 있으되, 인자는 머리 둘 곳이 없도다(눅 9:58).

불교와 그리스도교의 만남은 우리 시대의 종교 현상들 가운데 가장 의미 있는 사건이라 할 수 있습니다. 마치 선한 사마리아인이 그

랬던 것처럼, 불교는 많은 문제 속에서 중병을 앓고 있는 그리스도인들에게 새로운 영성의 지평을 열어 줄 수 있을 것입니다. 그래서 그리스도인은 결국, '임마누엘'이라는 우주적이고 근본적인 현상에 바탕을 둔 인간 존재의 궁극적인 의미를 표현하는 다른 방식들을 받아들임으로써, 그리스도교 특유의 배타성을 극복할 수 있게 될 것입니다.(창 9:9-16; 요 1:1)

저의 조국 스웨덴의 외레준트Öresund 해변가나 아름다운 도시 쿄오토오의 시가지를 산책하노라면, 제 가슴 속에서는 심장이 뛰는 소리와 함께 다음과 같은 말이 들려오곤 합니다. "당신의 마음속에 계신 하나님, 그분이 바로 문제의 핵심이요!"

## 3. 그리스도교와 이웃종교의 만남

### - 아놀드 비틀링거Arnold Bittlinger

저의 그리스도교적인 영성은 저를 길러 준 서구 개신교 전통을 바탕으로 하고 있습니다. 그리고 그것은 지금까지 제가 접촉한 타 문화권 또는 이웃종파에 속한 그리스도인, 특히 그리스 정교회의 예배의식과 종교관행들의 영향으로 더욱 풍성해질 수 있었습니다.

더구나 저는 은사갱신 운동과 에큐메니칼 영성 그리고 심층심리학 분야의 연구를 계속해 나가는 과정에서, 점차로 이웃종교들의 영적인 체험이나 영성수련 방법들과 접촉할 수 있는 기회가 늘어났습니다. 1962년 이후로 지금까지, 저는 은사갱신운동에 관한 연구를 계속하면서 로마 가톨릭 교회와 은사갱신운동가들오순절 교파가 중심을 이루고 있음

사이의 대화를 추진하는 핵심 조직의 일원으로 일해 왔습니다.[1] 그
리고 한때는 「세계교회협의회」WCC; World Council of Churches에서 은사갱신운동
에 관한 상담역을 맡기도 했습니다.[2]

그러던 중 아프리카의 독립 교회들에 관심을 갖게 되었는데,[3] 그
들에게서 저는 아프리카의 전통적인 요소들과 그리스도교적인 요소
들이 매우 조화롭게 융합되어 있다는 사실을 발견 할 수 있었습니다.
그리고 그런 교회들이 지닌 은사 관련 요인들이 그리스도교 이전의
아프리카 문화와도 접목되어 있다는 사실을 알게 된 저는, 곧 이웃종
교들이 지닌 은사 관련 요인들의 탐색에 나섰습니다. 이때 저는, 특
히 치유의 은사와 예언의 은사가 은사갱신운동특히 북미적인 스타일에서 보다
는 이웃종교들에서 더욱 설득력이 있음을 알게 되었습니다. 그뿐 아
니라, 샤머니즘에서는 예수께서 행하신 사역과의 유사성을 발견할
수 있었고,[4] 치유 사역 분야에서는 아메리카 인디언들의 전인적全人的
인 접근방법이 우리 그리스도교의 치유 사역에도 적용되어야 한다는
생각이 들었습니다.

소위 '예언' 분야에서는 힌두교의 경우가 가장 인상적이었습니다.
이 분야에 관심이 깊은 사람들 가운데에는, 인도의 구루영적인 스승들을 찾
아가 자신들이 지닌 예언의 은사를 새롭게 발견하거나 더욱 높은 차원
으로 이끌어 올린 사람들이 있습니다. 만약에 은사갱신운동을 이끌어

1) A. Bittlinger, *Papst und Pfingstler : Der römisch-katholisch-pfingstliche Dialog und seine ökumenische Relevanz*, Bern, 1978.
2) A. Bittlinger 편, *The Church is Charismatic : the World Council of Churches and the Charismatic Renewals*, Geneva, WCC, 1981.
3) A. Bittlinger, *Afrikanische Christens*, Craheim, 1975.
4) A, Bittlinger, *Schamanismus im Lichte der Bibel und der Psychotherapie*, Zurich, 1986. 다음 자료도 아울러 참조하라. "Recalling the Native Presence in Vancouver", One World, No.100, 1984년 11월호.

나가는 사람들이 이웃종교의 은사들을 좀 더 진지한 자세로 받아들인다면, 그들이 추진하는 운동이 훨씬 더 의미 있게, 특히 교회의 선교라는 차원에서 이루어지리라는 것이 저의 확고부동한 신념입니다.5)

1966년부터 지금까지, 저는 어느 초교파적인 공동체와 관련된 학회[회원들 역시 초교파적으로 구성되어 있음]의6) 일원으로 일해 왔습니다. 이 학회는 초교파적인 영성의 계발을 주요 목표로 삼고 있습니다만, 이웃종교의 영성에도 많은 관심을 쏟고 있습니다. 그래서 우리는 유대교와 그리스도교와 이슬람교 공통의 신앙의 뿌리로서 아브라함이 지니는 종교사적인 의미에 관한 모임을 주관하기도 했고,7) 아프리카와 인도와 유대의 영성에 관한 모임을 갖기도 했습니다. 우리는 또한, 중국의 '역경易經'과 티베트의 '바르도 퇴돌'(Bardo thödol, 사후死後와 환생還生의 중간 상태에서 어떤 훈시를 '들음'을 통해 해방을 얻는 것)8)에 관한 모임을 갖기도 했습니다. 하지만 우리의 주된 관심사는 어디까지나, 우리 자신의 유럽적인 전통으로 되돌아

---

5) A. Bittlinger, *The Significance of Charismatic Experiences for the Mission of the Church*, International Review of Missions, Vol. LX XV, No.298, p.117.

6) Okumenische Akademie im Nidelbad, *Directory of Study Centers*, WCC/ CWME, Geneva, 1982, p.60.

7) 이 모임의 강연 내용은 다음의 자료에 수록되어 있다. "Sammlung-Dienst Sendung", Jg. 56, Nr.3, Ruschlikon, 1980.

8) 역자 주: 바르도는 티베트어의 문자적인 의미로 '중간 상태'를 뜻하는데, 2세기경에 소승(Hīnayāna)과 대승(Mahāyāna)불교에서 인간의 사후 세계와 환생에 따른 이론이 정립되었다. 이 이론은 후대의 금강승(金剛乘, Vajrayāna)인 티베트 밀교(密敎)에서 더욱 정교화 되었다. 이러한 바르도 이론은 마침내 '바르도 퇴돌'에서 6가지의 사후 중간기 상태가 확정되었다. 이 6단계에서는 사후에서 환생에 이르는 49일 동안을 망라하고 있다. 더 후대에 이르러 파드마삼브하바(Padmasambhava)의 『티베트 사자의 서』(Tibetan Book of the Dead)에서는 '중음상태'의 3가지 차원으로 설명되고 있다. 첫 번째, 죽음의 순간의 바르도(dharmakāya)에서는 휘황한 백색의 빛이 나타난다, 두 번째, 지고한 실재의 바르도(sambhogakāya)에서는 만달라의 형태로 5색의 빛이 나타난다. 세 번째, 점점 빛이 줄어드는 상황에서 6가지의 존재형태로 각각 변형되는 과정으로서의 바르도(nirmānakāya)다. 이 모든 3 단계에서는 적절한 훈시를 '들음'으로써 그 자신의 마음의 상태를 깨닫게 됨으로써 열반, 곧 해탈에 이르게 되는 가능성을 제공해 준다.

가서 그것을 다시금 활성화시킨 다음 그리스도교 신앙에 융합시키는 것입니다. 그러므로 우리는 하지나 동지, 그리고 암흑의 밤들<sup>매년 12월 24</sup> <sub>일~1월 6일. 이 기간 중에는 사람들이 밤에 꾸는 꿈에 매우 특별한 관심을 기울이곤 합니다</sub>이 올 때마다 반드시 일정한 의식을 거행합니다. 우리는 또한, 치유의 능력이 있는 것으로 알려진 바위, 물, 식물, 장소 등을 새로운 관점에서 바라보기 시작했습니다. 그리고 서구적인 그리스도교의 저변에는 여전히 이교적인 토양이 깔려 있음을 알게 되었습니다. 유럽인들 가운데 마음으로는 그리스도인이 되었어도 영으로는 그리스도인이라고 할 수 없는 사람들이 많습니다. 저 유명한 스위스의 심리학자 융<sup>Carl Gusta Jung</sup>은 다음과 같이 기술하고 있습니다.

우리 서구인들은 결코 역사의 자취를 잊어서는 안 된다. 우리는 지극히 원시적인 차원의 다신론을 벗어나 고도로 진보된 동방종교에 접하게 되었다. 이 종교는 거의 야만 상태나 다름없는 우리의 상상력을 우리의 정신발달 수준보다 훨씬 높은 차원으로 끌어올려 주었다. 하지만 어떠한 형태로든 그와 같은 차원을 유지하기 위해서 우리 본능이 철저하게 억압될 수밖에 없었다. 결국 우리의 종교관행이나 도덕률은 잔인하리만큼 냉혹성을 띠게 되었고, 억압된 우리의 속성들이 자연스럽게 계발되는 대신, 무의식과 원래부터 우리가 지닌 야만성 속에서 남모르게 성장을 거듭해 나갔다.9) 서구인들은 지성과 의지가 계발됨에 따라 무의식의 강력한 저항에도 불구하고 그와 같은 태도를 흉내 내기 위해 거의 악마적인 능력을 발휘하였다. 하지만 머지않아 그것이 훨씬 더 강력한 정반대의 영적인 힘에 의해 반격을 당

---

9) R. Wilhelm과 C. G. Jung 공저, *The Secret of the Golden Flower*, London, 1931, p.125.

하게 되리라는 것은 불을 보듯 뻔한 일이다.10)

　위와 같은 융의 말은 예언과 다름없었습니다. 몇 년 후 1933년에서 1945년까지의 암흑기<sup>특히 독일에서</sup> 동안에 그 억압된 속성들이 노도와 같이 폭발되었고, 그 이후에는 더욱 심한 억압을 받게 됩니다. 그리고 그 속성들은 특히 핵무기 시대에 여전히 인류에 대한 심각한 위협으로 남아 있습니다. 그러므로 우리는 그리스도교가 성립하기 이전의 뿌리의식을 되찾은 다음, 그것을 우주적인 그리스도에 대한 우리의 이해에 융합시키고자 노력하고 있습니다. 이 일은 예를 들어, 그리스도교적인 예배 의식이나 축제에 그와 같은 요소들을 융합시킴으로써 이루어집니다. 우리는 이러한 융합이, 특히 유럽 그리스도교의 생존을 위해서, 매우 중요하다는 확신을 갖고 있습니다. 저는 그리스도교를 등지고 자신들의 옛 종교 전통으로 되돌아 간 아메리카 인디언들과 아프리카인들을 만난 적이 있습니다. 그들이 그렇게 한 까닭은 선조들이 받아들인 그리스도교가 그들의 옛 전통과 융합될 수 없었기 때문입니다.11) 우리는 이와 비슷한 사례들을 유럽에서도 찾아볼 수 있습니다.

　저는 심리요법을 적용하여 다른 사람들의 마음의 상처를 치유해주기도 합니다. 그럴 경우, 그리스도인의 꿈과 환상 속에 너무나도 많은 비그리스도교적인 상징들이 등장한다는 사실에 놀라움을 금치 못할 때가 많습니다. 한번은 어느 여인이 등에 기둥이 있는 거북이 한 마리를 꿈속에서 보았다고 했습니다. 이 같은 상징은 동아시아에

---

10) 같은 책, pp.126 이하

11) 우리는 몇몇 아프리카 독립교회들과 아메리카 인디언 원주민교회들에서 이와 같은 융합의 훌륭한 본보기를 찾아 볼 수 있다. 역사적으로는, 그리스도교 초기의 그리스 정교회와 로마 가톨릭 교회가 그리스도교 성립 이전의 그리스와 로마문명의 여러 요인들을 수용 · 융합하였다.

서는 매우 의미심장한 것으로 받아들여지고 있지만,12) 유럽에서는 그렇지 않습니다. 한편, 그리스도교를 주축으로 하는 유럽 문화권에서는 매우 낯선 상징에 속하는 용龍이 타문화권, 특히 아시아에서는 흔히 사람들의 꿈에 나타나곤 합니다. 비교적 편협한 마음을 지닌 그리스도인이 붓다에 관한 꿈을 꾸고 나서, 이웃종교에 대하여 마음 문이 활짝 열리면서 그리스도교를 좀 더 넓은 시야에서 볼 수 있게 되는 경우를 여러 차례에 걸쳐 목격했습니다.

우리의 초교파적인 예배 모임에서 어느 여인이 본 환상에 관하여 잠시 말씀드리도록 하겠습니다. 그녀가 본 것은 이집트 교회의 십자가였습니다. 그런데 그 십자가의 위쪽에는 매우 지적인 유럽인이, 아래쪽에는 어머니 대지大地를 두 발로 굳게 디디고 선 아메리카 인디언이 있었다고 합니다. 그리고 그 십자가의 오른쪽과 왼쪽에는 각각 생동감 넘치는 율동을 하고 있는 아프리카인과, 깊고 고요한 명상에 잠긴 아시아인이 있었다고 합니다. 마지막으로, 그 중심에 계신 분, 또는 그 십자가 자체는 바로 그리스도였다고 합니다.

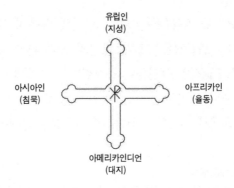

유럽인
(지성)

아시아인          아프리카인
(침묵)          (율동)

아메리카인디언
(대지)

---

12) 물론 그 꿈을 꾼 사람은 그러한 상징이 지닌 의미를 모르고 있었다.

이 환상에는 다른 꿈이나 환상들의 경우와 마찬가지로 매우 깊은 심리학적 의미가 내포되어 있습니다. 이 상징은 꿈을 꾼 사람으로 하여금 온전함을 향한 영적인 순례를 계속하도록 용기를 북돋워 주는 역할을 합니다. 그렇지만 이 환상이 예배시간에 나타난 만큼, 교회에 관련된 의미도 아울러 포함되어 있다고 보아야 할 것입니다. 그것은 우리로 하여금 우주적인 그리스도가 만물의 주님이시라는 사실을 좀 더 분명하게 이해할 수 있게 해 주었습니다.

우리는 꿈이나 환상 같은 심리적인 현상들을 통해, 이웃종교들이 지닌 가치를 더욱 생생하게 느낄 수 있습니다. 그리고 여러 비그리스도교적인 상징들이나 종교관행들은, 우리의 영혼이 의식하는 부분과 의식하지 못하는 부분이 결코 분리되어 있지 않음을 보여 줍니다. 특히 불교의 만다라와 도교의 음陰 · 양陽 개념에는 모든 대립되는 개념의 융합이 매우 적절하게 상징화되어 있습니다.

어떤 요가 수행법들은 서구적인 심리분석학과 똑같은 융합 효과를 나타냅니다. 그리고 우리가 원시종교에서 흔히 발견할 수 있는 부활의 축제의식들은, 우리의 내면에서 생사生死를 거듭 하는 심리과정을 생생하게 표현하고 있습니다.

최근에는 분석 심리학에서 무의식의 세 번째 차원, 즉 공백 무의식 empty unconscious이 발견되었습니다.13) 이 무의식은 개인 또는 집단 무의식 아래에 있는, 완전한 공백 상태로 모든 것을 포용할 수 있는 무의식입니다. 저는 우리 영혼의 가장 깊은 차원인 이 공백 무의식이야말로, 서양의 심리학에 의해서 발견되기 이미 오래 전에 수많은 불교인들에 의해 체험되었던, 우리가 우주적 그리스도를 만날 수 있는 가장

---

13) Peter Schellenbaum, *Abschied von der Selbstzerstorung*, Stuttgart, 1987, p.186.

심오한 차원이라고 생각 합니다.

우리가 이웃종교들과 관계를 맺을 때에는 다음의 세 단계를 거치는 것이 바람직합니다. 첫째, 자신이 속한 종교적 전통과 모국<sup>母國</sup>의 문화적 전통에 확고한 뿌리를 내려야 합니다. 둘째, 이웃종교들의 전통을 이해하려고 노력하면서, 자신이 속한 종교적 전통에서 간과되거나 무시되고 있는 요인들이 무엇인지 밝혀내어야 합니다. 셋째, 우리들과 우리 교회의 성장에 도움이 되는 이웃종교 전통의 요인들을 신중한 자세로 수용하여 우리의 전통에 융합시켜야 합니다.14)

14) 힌두교나 선불교 같은 이웃종교의 전통에 몰입할 수 있는 서구인의 수는 극히 제한되어 있다. 어떤 이들에게는 그와 같은 시도가 매우 위험한 결과를 낳을 수도 있다. 지금 나는 완전히 불교인이 되고자 노력하다가 일종의 정신분열증에 걸린 사람을 치료하고 있다. 그는 나를 찾아 올 때마다 거의 예외 없이, 그러한 시도를 했던 자기 자신의 어리석음을 개탄하곤 한다. 여러 해 동안 나와 긴밀한 관계를 가졌던 알퐁스 로젠버그(Alfons Rosenberg) 역시 젊은 시절에 인디언 종교에 완전히 몰입하려고 시도했던 구루(영적인 스승)이다. 하지만 그는, 그와 같은 시도가 서구인인 자신에게는 불가능한 일임을 깨달았다. 결국, 그는 서구 문화에 깊은 뿌리를 내리고 있는 두 가지 상징인 십자가와 미로(迷路)를 사용하여 서구적인 명상법을 계발해 내었다.

# 토착 영성의 탐구

콜린 알코크<sup>Colin Alcock</sup>

이 모임에 참석한 대부분의 사람들과는 달리, 저는 현재 이웃종교를 신봉하는 사람들과의 접촉이나 대화에 직접적으로 관여하고 있지는 않습니다. 그럼에도 불구하고 제가 이 모임에 초청된 까닭은, 제가 선불교의 영성에 대하여 관심을 표명한 적이 있고, 그리스도교의 영성을 연구하는 기관에서 일하고 있으며, 평화와 정의 그리고 하나님의 창조 사역을 주제로 하는 모임에 참석하러 이곳 교토에 이미 와 있었기 때문입니다.

저는 '에레모스'<sup>신약의 헬라어로 '사막'이라는 뜻</sup> 학회를 설립하여 현재 회장직을 맡고 있습니다. 이 학회는 호주의 상황 속에서 그리스도교 영성을 탐구하고 그리스도인의 호주 사회에 대한 이해와 기여에 도움이 되자는 목표를 표방하고 있습니다.

　제가 비록 종교 간의 대화에 적극적으로 참여하고 있지는 않지만, 여러 종교의 풍성한 영적인 유산들을 탐색하는 과정에서 다음과 같은 확신을 갖게 되었습니다. 첫째, 종교 간의 대화는 신비적이고 체험적인 전통을 바탕으로 할 때 가장 원활하게 이루어질 수 있습니다. 둘째, 교리적인 차원과는 구분되는 이웃종교들의 전통은 그리스도교적인 신앙과 체험에 대하여 매우 가치 있는 통찰력을 제공할 것입니다.

　이웃종교의 영성에 대한 우리의 탐구는 평신도와 성직자, 남성과 여성, 그리고 그리스도인과 불가지론자不可知論者를 포함하는 초교파적인 주말 수련회를 중심으로 하되, 세미나와 연수회, 출판사업도 상당히 중요한 위치를 차지합니다. 이러한 기회들을 통해서, 우리는 서구적인 문화가 신앙에 대한 우리의 이해와 체험을 극단적이고 파괴적인 방향으로 이끌어 왔다는 생각이 점점 더 굳어지게 되었습니다.

　이러한 생각은 두 가지의 매우 중요한 결과를 초래했습니다. 첫째, 우리는 서구적인 형태의 그리스도교가 영원한 성격을 띤 종교가 될 수 없다는 사실을 자각하게 되었고, 저의 조국 호주의 교회와 사회가 추구하는 가치들에 대하여 좀 더 폭넓은 비판 의식을 갖게 되었습니다. 둘째, 저의 동료들 가운데 상당수가 호주 및 다른 나라들, 특히 인도에서 이웃종교를 신봉하는 사람들과 접촉을 계속해 나가면서 종교 간의 대화를 모색하기 시작했습니다. 그들 가운데에는 여러 해 전에 그리스도교를 포기하고 나서 영성의 세계를 폭넓게 탐구하는 사람들도 있고, 단순히 그리스도교가 모든 진리를 독점하고 있다고 보는 진부한 견해에 대하여 염증을 느끼게 된 사람들도 있습니다.

　에레모스 학회에서는, 이러한 두 부류의 사람들이 종교 간의 대화에 관련된 자신들의 체험을 이 세상과 하나님을 좀 더 깊이 있게 이해하려는 노력에 접목시키고 있습니다. 여기서 저는 종교 간의 대화

와 관련하여 호주의 그리스도인이 특히 많은 관심을 기울이고 있는
분야들을 간략하게 소개할까 합니다.

(1) 몇 년 전부터 호주에서는 토착민들의 영성에 대한 사람들의 관심
이 높아지고 있습니다. 호주에 백인들이 정착하고 나서부터는,
토착민들의 전통과 생활양식과 공동체 구조가 거의 초토화되고
말았습니다. 하지만 이 광대한 땅과 가장 밀착된 영성을 계발한
사람들이 바로 그들이었다는 사실만은 부인할 수가 없었습니다.
토착민 공동체들과는 대조적으로, 유럽에서 온 정착민들은 자원
을 개발할 여지가 있는 곳들을 제외하고는 호주 내륙의 척박한
사막 땅은 피하고 해변의 기름진 땅을 차지하려고 했습니다. 내
륙 지방의 사막에 대한 이와 같은 태도는, 오로지 안전과 안락만
을 추구하려고 했던 백인 정착민들의 입장을 단적으로 나타내 줍
니다. 그들에게는 심오하고 신비한, 또는 경이로운 세계가 멀게
만 느껴졌습니다. 한편, 토착민들은 모든 것이 의미 있게 서로 관
련되어 있으면서 깊음이 깊음을 부르는 경 외로운 세계에 살고
있습니다. 하지만 오늘날 호주의 그리스도인들 가운데에는 원주
민들이 과연 어떠한 생각으로 신들을 섬겼는지에 대하여 지대한
관심을 나타내는 사람들이 점차 늘어 가는 추세입니다. 에레모스
학회는 이러한 추세를 경험적인 방법으로 뒷받침하기 위해서 특
별한 프로그램을 마련하고 있습니다. 이 프로그램에서는 몇 사람
씩 그룹을 이루어 호주 내륙의 사막으로 나아가, 땅의 소리에 귀
를 기울이는 과정을 시작하게 됩니다. 이 프로그램을 이끌어 나
가는 사람들 중에는, 예전에 호주 성공회 총회에서 토착민 문제
를 전담했던 동료 한 사람이 포함되어 있습니다. 그는 특히, 이

프로그램을 호주 내륙 오지의 토착민 공동체들과 연결시키는 일에 많은 관심을 기울이고 있습니다.

(2) 서구 문화권의 다른 나라들에서와 마찬가지로, 교회를 더 이상 심오한 진리의 영원한 수호자로 보지 않게 된 호주의 젊은이들에게 서구화된 동양 종교들이 상당한 인기를 끌고 있습니다. 예를 들어, 요가와 초월명상, 그리고 힌두교를 바탕으로 한 각종 모임이나 강연회가 바로 그것입니다. 에레모스 학회는 1985년에 돔 베데 그리피스Dom Bede Griffith를 호주에 초빙했고, 이어서 저의 동료들이 인도 남부에 있는 그의 아쉬람을 방문했습니다. 우리 학회는 동양의 종교들에 대한 수용적인 자세와 아울러 명상과 침묵에 대한 좀 더 정확한 이해를 통해서, 영적인 세계를 추구하는 인류의 노력을 훨씬 더 깊이 있게 이해할 수 있게 되었습니다.